스토리텔링에서
스토리두잉으로

차례
Contents

들어가며　3

스토리텔링의 역사: 선사시대부터 현대까지　7

인류 최초의 스토리텔링 도구부터 구담 스토리텔링, 문자문화 스토리텔링까지 | 매스미디어의 등장과 스토리의 확산 | 디지털 스토리텔링: 디지털 기술의 발달과 스토리텔링의 진화

스토리두잉: 스토리텔링 이후의 스토리텔링　38

스토리 가치의 시대: '어떻게'를 뛰어넘어 '왜'를 추구하다 | 스토리의 의미와 가치 복원: 장소에 담긴 스토리 가치를 경험하다 | 감각에서 경험으로: 수동적 수용에서 능동적 행위로의 전환

스토리의 실현: 스토리두잉은 어떻게 만들어지는가　72

스토리두잉: '남의 이야기'를 '나의 이야기'로 만들다 | 지속 가능한, 함께 나누는 가치로의 발전 | 스토리리빙으로 이어지는 스토리두잉의 법칙

나가며　107

참고문헌　112

들어가며

언제부터인지 '스토리텔링(Storytelling)'이라는 단어가 우리 삶에 무척이나 친숙하게 들어와 있다. 문학이나 드라마, 영화, 게임과 같은 이야기 기반의 콘텐츠 분야는 물론이고 경영·마케팅, 디자인, 교육, 정치 영역 등 오히려 그 용어가 쓰이지 않는 분야를 찾기가 더 어려울 지경이다. 스토리텔링이 빠지면 중요한 뭔가를 빠뜨린 기분마저 든다.

사람들은 흔히 스토리텔링을 근래에 나타난 최신 트렌드라 여기지만 그것은 사실 아주 오래전부터 존재해온 보편적인 개념이며, 오늘날 스토리텔링의 실제적인 활용은 오히려 '스토리두잉(Storydoing)' 개념에 가깝게 이루어지고 있다. 따라서 스토리텔링의 기원과 역사를 거슬러 올라가 스토리텔링의 의미를 이해하는 한편, 우리에게 아직 생소한 스토리두잉의 새로운 면모들을 살펴봄으로써 스토리두잉의 개념과 특징을 알아볼 필요가 있다. 스토리텔링과 스토리두잉은 그 용어의 친숙성과 생소함 간의 차이에 상관없이 우리 삶의 스토리를 이해하고 활용하는 데 유용한 공통의 개념이기 때문이다.

스토리텔링은 '이야기(Story)'와 '말하기(Telling)'의 합성어로, 특정한 '이야기'를 '전달하는 과정'을 뜻한다. 한 사람의 입에서 다른 사람의 입으로 전해지는 구담(口談) 역시 의미상 스토리텔링에 해당된다.

물론 오늘날 사용되는 스토리텔링 개념은 훨씬 다양하고 복합적인 형태로 분화돼 있다. 교통과 통신이 비약적으로 발전한 것을 계기로 현대 스토리텔링의 의미와 활용하는 방식이 발전했기 때문이다. 고대 구전의 일대일 접촉이나 텍스트 기반의 일방적 스토리텔링과는 다르게, 오늘날은 새롭게 생겨나는 매체의 특성에 따라 이야기를 전달하는 텔링 방식이 다각화되고, 스토리의 생산과 소비를 담당하는 사람들 간의 상호작용이 가능해진 것이다. 이에 따라 원본이 비록 하나였던 이야기도 다양한 장르와 매체로 변용되었으며, 스토리텔링의 개념 또한 전 지구적으로 확산되었다.

스토리텔링이 다양한 장르와 결합하며 빠르게 확산되고 있을 때, 다른 한편에서는 지역이나 수용자 중심의 스토리에까지 관심을 갖고 실행하는 스토리두잉 개념이 나타났다. 스토리두잉이라는 용어는 2013년 7월, 브랜드 마케팅회사 '코:컬렉티브(Co:collective)'의 창업자 몬태규(Ty Montague)가 처음 사용하였다. 당시 마케팅 분야에서 통용되던 스토리텔링은 "기업·제품과 관련된 스토리를 대중에게 알린다"는 의미로 쓰였는데, 몬태규는 여기서 한 발 더 나아가 "직접 행하거나 실천하게 한다"는 의미의 스토리두잉을 고안해냈다. 스토리텔링이 '텔링'에 집중하여 특정한 스토리를 매체의 특성에 맞게 조합·가공하거나 내용을 잘 드러내는 방법론적 측면에 관심을 두는 것과 달리, 스토리두잉은 스토리가 담고 있는 가치와 정서, 그것을 직접 실천하고 실행하게 하는 직접적인 경험 측면을 더욱 중요하게 다루고 있다.

현대 스토리텔링의 또 다른 특징 중 하나는 스토리의 전파력과 파급력, 스토리 매체의 범용성을 이용하여 문화의 산업적 가치를 극대화할 수 있다는 점이다. "하나의 자원을 다양한 장르와 연계하여 확장한다"는 의미에서 OSMU(One Source Multi Use)와 같은 개념들이 인기를 끌고 있다. 스토리텔링에 기반을 둔 문화콘텐츠 개념이 문화산업의 핵심으로 떠오르며 정책적으로도 부각된 이유는 스토리텔링이 결국 수익 극대화를 위한 문화산업의 한 모델로 인식되었기 때문이다. 스토리두잉 중심의 소통 방식은 이 같은 스토리텔링에서 한 단계 더 발전한 개념으로, 과정과 직접적인 수행에 더 큰 가치를 둔다. 스토리 전달에만 그치기보다는 경험 및 체험을 통해 문화를 향유하고, 가치를 지속시키며 순환하는 일에 관심을 가진다. 애초에 스토리두잉은 새로운 마케팅 방식 차원에서 등장하고 이해됐지만, 이제는 보다 확장성을 가진 개념으로 인식되어 여러 분야로 뻗어나가고 있다. 지금의 스토리두잉은 스토리의 가치를 개인과 지역, 또는 공공의 영역까지 전달하고 실행하는 방식으로 현실에 적용되고 있다.

스토리두잉을 통해 과거로부터 존재해온 스토리는 창의와 혁신의 시대를 맞이하고 있다. 분화되었던 다양한 스토리 활동들이 일정한 결과물로 만들어지면서 더 많은 사람들과 소통할 수 있게 되었다. 또한 스토리 수용자가 더 적극적이고 내밀하게 스토리를 체험함으로써 거기에 담긴 고유한 의미와 가치를 각자 또는 여럿이서 한층 유익하고 풍성하게 누릴 수 있게 되었다. 스토리두잉은 사회 전반을 넘어 우리 일상에까지 깊숙이 파고들어 와 있다. 우리는 스토리텔링이라는 용어가 그랬던 것이나 스토리두잉이라는 용어가 그러한 것 이상으로, 삶의 부분마다 스토리를 심고 함께하는 '스토리리빙(Storyliving)'의 시대를 살아가고 있다고 해도 과언이 아니다.

스토리텔링의 역사:
선사시대부터 현대까지

인류 최초의 스토리텔링 도구부터

구담 스토리텔링, 문자문화 스토리텔링까지

스토리텔링이라는 단어는 특별히 거창한 표현이나 어려운 말이 아니다. 그저 '이야기(스토리)'와 '말하기(텔링)'라는 두 단어가 합쳐진 용어로, '이야기를 전달하는 과정'을 뜻할 따름이다. 우리에게 '이야기'나 '스토리'라는 표현이 일상에서 익숙하게 쓰이듯이, '스토리텔링' 역시 기나긴 인류 역사에서 사람과 사람 사이에 늘 있어왔던 의사소통의 방식을 별도의 개념으로 나타낸 것일 뿐 어제오늘 새로 생겨난 말

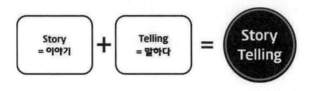

이 아니다.

먼저 스토리텔링을 고전적인 의미로 이해할 때는 의사소통 수단이라는 사실만으로도 충분하다. 따라서 태초 인류에게 있어서는 한 사람의 입에서 다른 사람의 입으로 전하는 구담(이야기)이 스토리텔링의 한 형태였다고 할 수 있다. 물론 말의 내용이 아니더라도 목소리의 높낮이나 크기, 표정, 손짓, 몸짓 같은 수많은 비언어적 표현 또한 의사소통 방식으로 가능하였다. 허나 본격적인 의사소통이나 지식과 정보가 대를 이어 전달되는 것은 구체적인 언어를 통해서였다. 독일의 언어학자 예거(Ludwig Jäger)는 인류의 순수 '말하기'가 의사소통의 원형이었다고 주장한 대표적인 학자다. 그는 선사시대(기록으로 남아 있지 않은 시대)의 '말하기'는 의사소통의 원형 매체(Urmedium)이고, 상징 언어의 발생은 곧 인류 소통의 역사 및 진화 과정의 일부라고 주장하였다.

의사소통 수단으로서 인류의 언어 역사가 처음으로 태동한 시기는 일반적인 인식보다 훨씬 오래전이다. 아무리 가깝게 보더라도 기원전 3만 년 전까지 유럽 대륙에 생존했던 호모 네안데르탈렌시스(네안데르탈인)의 시대나 10만 년 전 호모 사피엔스 사피엔스의 시대까지 생각할 수 있고, 더 멀리 보면 오스트랄로피테쿠스가 살았던 무려 약 400만 년 전의 시대로까지 스토리텔링의 역사가 거슬러 올라간다. 이러한 주장을 달리 설명하면, 인간은 늦어도 3만~4만 년 전부터 이미 완벽한 형태의 스토리를 전달할 수 있었다고도 말할 수 있다.

한편으로 '과연 그 시대의 인류가 얼마나 정확한 의사소통을 했을까' 하는 의구심이 들기도 하나, 인류의 의사소통 역사가 상당히 오래되었다는 이들의 주장은 꽤나 한결같다. 이들은 생물학적인 증거를 들어 당시 인류도 나름의 언어로 소통했다고 주장하고 있다. 동물과 같이 네 발로 기던 인간이 두 발로 걷게 되면서 얼굴과 손이 자유로워졌다는 것이다. 인간이 두 발로 걷게 됨으로써 손발 사지에 분산되었던 운동 에너지의 손실을 막을 수 있었고, 손만 활용하는 것이 아니라 얼굴 근육 또한 자유롭게 사용할 수 있었다는 이 주장은 당시 언어 스토리텔링의 발달·진화 과정과 그 모습을 어느 정도 유추할 수 있게 해준다.

사실 고대 스토리텔링 역사의 시작점을 언제로 정해야 할지에 대한 문제는, 선사시대 인류의 언어능력을 어느 수준까지 인정해야 하는지에 관한 문제와 관련이 깊다. 당시 언어의 수준이나 그것이 실제로 활용되는 모습을 우리 눈으로 확인할 길이 없기에 언어를 사용하는 대상과 실제 활용 범위에 대해 학자들조차 의견이 분분한 것이다. 예를 들어 당시의 언어 수준을 고차원적인 것으로 인정해 인류 언어 소통의 역사적 출발점으로 봐야 한다는 예거 같은 학자가 있는가 하면, 언어가 체계적으로 발달한 훨씬 후대시기를 언어역사의 시작점으로 삼아야 한다는 학자들도 있다.

뿐만 아니라 현생 인류에 가까운 인류 조상이나 혹은 동물의 의사소통까지 언어능력으로 인정해야 한다는 주장까지 있다. 프랑스 선사학자 르루아 구랑(André Leroi-Gourhan)이 바로 인간의 언어능력을 넓은 범주로 이해한 학자들 중한 명이다. 그에게는 각종 도구를 만들거나 석기를 조작하는 기술도 언어의 일종이었으며, 오래된 동굴벽화에 그려진 손그림이나 고래·말·사슴·소 같은 동물 그림 또한 언어와 비슷한 일종의 상징기호였다.

이러한 의견은 인류 최초 시기의 의사소통 매체가 우리 생각보다 훨씬 다양한 형태로 존재했음을 인정하는 것이다. 실제로 수십만 년 전에 그려진 동굴그림들과 돌 위 낙서들을 추적해보면, 선사시대 이래 벽화 표기들이 오늘날 우리가 '스토리'라고 부르는 이야기처럼 시간적 순서에 따른 설명 방식을 취하고 있음을 알 수 있다. 주로 동굴 내부 바위 벽

울산 '반구대 암각화'

면에 그림을 그리는 방식으로 표현된 당시의 기호는 오늘날 바위그림, 바위 새긴 그림, 동굴벽화, 암각화, 암벽화 등 여러 이름으로 불리며 선사시대 사람들의 스토리를 짐작케 하는 사료가 되어왔다. 단순한 스토리 외에 많은 정보들이 그 그림 속에 포함돼 있기에 가능한 일이었다. 이를 테면 당대 사람들이 세상을 바라보는 관점이나 자연을 대하는 방식이라든지, 사냥 방식 혹은 인간과 동물 사이의 교감 같은 일상의 모습이나 부족의 제사 의식과 같은 특수한 순간들 말이다.

바위그림은 문자가 없던 시대에 사용된 최초의 스토리 기록이자 생동감 넘치는 현장의 언어였다. 또한 자연 앞에서 한없이 작은 존재인 인류가 살아남기 위해 필사적으로 남겨야만 했던 생존 비법이자 의사 전달 수단이기도 하였다. 이러한 상징기호들은 지금 우리 눈엔 투박하고 단순한 단서로 보일지라도 인류 발전에 지대한 영향을 끼친 최초의 스토리 텔링 도구였다.

이처럼 인류 최초의 스토리텔링 방식이 여러 형태로 존 재할 수 있다는 견해는 관점에 따라 스토리텔링의 시작점이 조금씩 다를 수 있음을 의미하기도 하지만, 한편으로는 스토 리텔링 역사의 시작점이 한정된 시점이나 좁은 시간적 범위 로 존재하는 것이 아니라 훨씬 넓은 시간대에 걸쳐 있다는 뜻으로도 이해될 수 있다. 여기서 중요한 점은 특정한 형태 로 발달한 언어적 수단이든, 혹은 시청각적이고 비언어적인 수단을 거쳤든 간에 태고의 스토리가 매우 긴 시간을 거쳐 전달되었다는 것이다.

인류가 처음 나타난 선사시대에 꽤 오랫동안 다양한 방 식으로 존재했던 고대의 스토리텔링은 수단에 비해 그 목적 이 비교적 명확하고 단순했다는 것도 특징이다. 당시 인류는 야생동물을 비롯한 험한 자연과 늘 사투를 벌여야 했다. 언 제 죽을지 모르는 두려움이나 미지의 존재에 대한 공포 등 을 해소하기 위해 그들은 스토리를 활용하였다. 인간의 육체 적 한계나 질병, 자연재해 등 주로 생존과 직결된 자연적 문 제가 스토리의 주 소재였다. 이는 스토리가 단지 사람과 사 람을 이어주는 소통의 도구 또는 흥미나 오락을 위한 수단이 아니라 살아남는 방식을 습득하게 해주는, 대체 불가능한 생존수단이었음을 의미한다. 구체적으로 말하면 앞서 살았던 사람들이 축적한 과거의 지식과 지혜, 생존에 유용한 삶의 관습과 문화 같은 것들이 스토리에 주로 담겨 있었다.

이후 스토리의 목적이나 내용이 훨씬 복잡해지고, 그것이 인간 개인의 내면이나 집단 내부의 갈등 문제 등을 다루게 된 것은 신화적 단계를 지나서다. 도시가 생겨나고 국가가 세워져 야생의 생명 위협으로부터 인간의 기본적인 안전권이 보장되고, 후대를 위해 역사가 체계적으로 축적되기 시작하면서 스토리 양상이 달라진 것이다.

변화된 시대 양상 속에서 문자의 발명은 스토리를 기록하는 역사시대가 도래하게 하였다. 서구 문자사 맨 앞에 등장하는 기원전 9000~기원전 3000년 즈음의 고대 메소포타미아 문명의 숫자기호를 시작으로 기원전 3000년경 말에는 이집트 회화문자가 등장했고, 기원전 2500년 무렵에는 점토판 위에 새긴 메소포타미아의 쐐기문자(설형문자)가 생겨났다. 이후 긴 시간을 거쳐 그리스 알파벳이 순수 문자 체계로 세상에 나왔다.

초기 형성된 문자를 보면 추상적 뜻을 표시하는 표의문자(Ideographie: 히타이트 문자, 잉카 문자, 한자) 외에도 사물의 형태를 본뜬 상형문자(Piktographie: 수메르 문자, 아카드 문자, 이집트 문자, 갑골문자)와 소리를 표기하는 소리문자(Phonographie: 페니키아어, 엘람어, 헤브라이어, 한글, 일본의 가나) 등이 존재한다. 문자시대에서 가장 오래된 스토리텔링으로 손꼽히는 「길가메시 서사시(Gilgamesh Epic)」는, 그 유명한 호메로스의 서사시보다 약 1,500년 정도 앞선 기원전 2000년경에 수메르인이 기록한 것으로 추정된다. 이 시기에도 여전히 원시종교 수준의 주술문화가 이야기 속에 스며 있긴 하나, 그 중심에는 각각의 스토리에 대해 가치판단을 주도하는 주제 의식이나 서사 구조가 자리하고 있다. 선사시대의 스토리와는 확연히 달라진 것이다. 즉 선사시대는 텔링(구담) 역사의 태동기, 역사시대는 본격적인 스토리 역사의 태동기라 할 수 있다.

문자의 등장이 스토리 역사의 새로운 페이지를 열었다고는 하지만, 아직까지 초기 문자 스토리텔링은 현대의 문자 스토리텔링과 사뭇 달랐다. 형태가 달랐던 대표적인 예는 기원전 700~기원전 500년에 꽃피웠던 고대 그리스의 문자문화다.

당시 그리스는 교육이나 역사 기록, 예술적 행위를 할 때 주로 문자를 사용하였다. 그 예로 아테네 아이들은 문자를 입 밖으로 소리 내 '읽는' 방식으로 수학이나 문법을 배웠다. 또 고대 그리스의 비극을 배우가 연기할 때도 무대 아래에서 누군가가 읽어주는 대사를 앵무새처럼 따라 말하는 식이었다. 의사소통 방식으로 문자문화가 등장한 것은 분명 획기적인 사건이었으나, 문자 스토리텔링이 완전히 구술 스토리텔링을 대체하는 일은 아직 일어나지 않았다. 오히려 문자문화 초기 시절에는 문자로 기록된 것을 말하는 행위 자체로 의미를 구현하고 감각화하는 과정이 사람들에게 매우 중대했고, 그와 같은 방식 위주로 스토리텔링이 발전해나갔다.

문자를 활용한 스토리텔링이 정보 전달의 보조 수단으로 쓰인 초기의 전통적인 형태에서 벗어나 새로운 내용과 형식에 집중하게 되는 것은 스토리텔링 분야 중에서도 특히 문학 장르가 발달하면서부터다.

문학은, 그것이 고전문학이든 현대문학이든 상관없이 언제나 형식적인 부분에서 우리 일상의 스토리와 구별되어왔다. 전통적인 구담 형태의 스토리가 그 내용이 분명한 시작과 끝을 지닌 선형적이고 종결적인 서사 형태였던 것에 반해, 문학이라는 이름을 가진 스토리는 좀 더 복잡한 형태를 지녔다. 문학이 대중에 보급되고 그 형식이 발전한 이후에는 원형 그대로의 기억을 말이나 글로 옮기는 것을 스토리로 고스란히 인정하지 않았기 때문이다. 전통적 스토리텔링의 경우에도 듣는 사람이 효과적으로 스토리를 이해하게 만들고 말하는 사람이 전달하고자 하는 정보와 내용을 제대로 전하기 위해 일종의 법칙을 거치는 것처럼, 문학이 주도하는 스토리텔링은 무엇보다 효과적이고 예술적인 전달을 위한 그만의 형식을 중요하게 여기기 시작했다.

생존에 필요한 정보를 있는 그대로 전달하거나 스토리 생산자와 소비자 공동의 목적을 위한 주술적 영향력을 발휘하던 시기의 스토리텔링과 다르게, 신화시대의 사람들은 훨씬 다양한 방법과 목적으로 스토리를 전달하고 각 스토리에 맞는 내러티브(Narrative)를 고려하게 되었다. 여기서 내러티브란, 스토리를 효과적으로 전달하기 위해 스토리에 의도적 변형을 가하는 말 또는 글을 의미하는 것으로, 기나긴 인류 역사 가운데 설화·역사·동화·소설 등 다양한 형태로 존재해 온 것을 일컫는다.

내러티브의 탄생으로 스토리를 만들고 구성하는 일의 방법적인 측면이 특히 중요하게 부각되었으며, 스토리텔링의 대상 혹은 내러티브를 연구하는 '서사학(Narratology)' 같은 학문이 등장하기도 하였다. 서사학은 소설 문학을 포함해 갖가지 종류의 내러티브 양식, 곧 세상의 모든 스토리를 연구 대상으로 삼는 학문으로 서사학이라는 용어가 생기기 이전부터 동서고금을 막론하고 존재해왔다.

그렇다면 왜 굳이 이 시기에 '서사학'이라는 이름이 새롭게 등장했을까? 이는 당시 고대 스토리텔링에서 살펴볼 수 있었던 단순한 스토리와, 문학시대 이후에 등장한 스토리의 플롯(Plot: 구성)을 의미적으로 구별할 필요가 있었기 때문이다. 예를 들어 고전 스토리텔링은 시간적 순서에 따라 사건을 순차적으로 나열하는 데 그치지만, 서사학의 플롯은 인과관계나 작가의 의도에 따라 순서를 뒤섞어 자유자재로 재구성한다. 이 말은 곧 작가가 독자를 의식하여 기존 스토리의 순서나 내용 등에 전략적인 변형을 가한다는 의미다.

서사학에서는 스토리텔링을 펼치는 데 있어 스토리와 플롯을 명확히 구별하기 위해 다음의 유명하고도 재미있는 문장 예시를 활용한다.

왕이 죽자 왕비도 죽었다.

마치 동화 속에 등장할 법한 이 문장의 구조는 사실관계를 시간적 순서에 따라 나열한, 굉장히 단순한 스토리에 불과하다. 하지만 이 짧은 한 줄엔 나름의 스토리가 담겨 있다.

만일 이 문장을 "왕이 죽자 슬픔을 이기지 못하고 왕비도 죽었다"라는 문장으로 바꾸면 어떨까? 이제 이것은 단순한 스토리가 아닌 구성적 스토리(플롯)로 바뀌었다. 시간적 순서는 이전과 다르지 않지만 스토리에 없었던 인과관계가 문장 안에 포함돼 있다. 두 문장을 쉽게 구별하면, 있는 그대로의 스토리는 '그리고'로 말하고 플롯은 '왜냐하면'으로 말한다고 할 수 있다. 이보다 더욱 발전된 형식의 플롯도 있다. "왕비가 죽었다. 처음에는 아무도 그 까닭을 몰랐지만, 나중에야 왕이 죽은 슬픔 때문이라는 것이 밝혀졌다." 전보다 길어진 이 문장은 시간적 순서가 뒤바뀌었고, 플롯의 인과관계 사이에 신비성까지 간직하고 있다.

스토리를 서술하는 방식이 발전하고 다각화될수록 스토리텔링이 담고 있는 정보는 있는 그대로 전달되지 않고, 나름의 목적과 상황에 따라 텔링의 형태를 달리하게 된다. 물론 서사학에서 구분하여 말하는 '변형된 스토리를 통한 스토리텔링'이 우리가 일상에서 접하는 스토리와 전혀 다른 것은 아니다. 평상시 입으로 말하는 스토리나 각자가 스토리 형태로 전달하는 정보 또한 실제로 일어난 순서가 아닌 어느 정도는 인과관계를 통해 형성되고, 하다못해 우리 생각의 대부분도 각자가 그려내는 서사적 사고 형태로 구성되는 것이 보통이기 때문이다.

인간은 세월의 흐름을 거스를 수 없는 시간적인 존재지만, 한편으로 인간에게 시간은 추상적인 것이어서 절대적인 질서로만 인식되고 파악되기 어렵다. 따라서 이러한 구성적 스토리의 등장은 추상적인 시간 속 사건에 질서를 부여하고 의미의 연결고리를 구성하는, 일상적 스토리의 힘을 다시금 일깨우는 계기가 되었다.

매스미디어의 등장과 스토리의 확산

스토리와 텔링을 따로 분리시켜 설명하면, 텔링의 경우 과거 선사시대나 문자 스토리텔링 시기나 인류사 보편의 의사소통과 크게 다를 바가 없었다. 텔링은 그저 스토리를 위한 도구에 불과했다. 하지만 현재에 점점 가까워질수록 텔링의 중요성은 점점 커지게 된다. "미디어가 곧 메시지"라고 말했던 매클루언(Marshall McLuhan)의 주장처럼, 스토리를 전달하는 매체가 거꾸로 스토리를 주도하는 시대가 된 것이다. 매클루언의 선언 이전에도 새로운 미디어의 등장은 언제나 혁명적이고 영향력 있는 사건으로 평가되어왔다. 인류사에서 가장 중요한 발명이라고 여겨지는 '구텐베르크의 활판인쇄술 발명'이 대표적인 사건이다.

독일의 수학자 아이젠슈타인(Ferdinand Eisenstein)은 인쇄술의 발명을 일컬어 "중세 사회의 붕괴와 근세 사회로의 전환을 이끈 혁명적 사건"이라고까지 말했다. 인쇄술이 발명되고 확산됨으로써 문자시대를 열어 스토리텔링 혁명을 가져왔음은 물론, 종교개혁과 르네상스 운동의 직접적인 원인이 되어 역사적·사회적 혁명의 결정적 계기가 되었다고 해석한 것이다. 인쇄술의 탄생으로 생겨난 당시의 미디어는 오늘날 '아날로그 매체'라고 부르는 신문, 잡지, 책, 우편 등이다. 이

것이 전달자가 되어 이전과 확연히 다른 양상으로 스토리를 보급하며 사회를 변화시켜나갔다.

19세기 말부터 20세기에 이르는 기간은 스토리텔링 역사에 또 하나의 전환점이 된 시기다. 문자 스토리텔링 시대에는 인쇄 매체만이 스토리를 보급하는 주요 수단이었지만, 19세기 중엽에는 그 즈음 발명된 윤전기가 인쇄 매체의 성장을 이끌었고, 이후 무선전신의 송수신 기술과 영화 기술이 발명되면서 다양한 시청각 매체를 통한 스토리텔링 시대가 활짝 열렸다. 이 시기는 스토리텔링이 처음 개념적으로 대두된 때이기도 하다.

앞서 살펴봤듯이 실질적인 스토리텔링이 특정 시기에 갑자기 나타난 것은 아니다. 스토리텔링은 오랫동안 우리 주변에 쭉 있어왔다. 다만, 그것을 이론적·개념적으로 활용하는 도구로서 연구하기 시작한 것이 이 시기의 주된 흐름이었을 뿐이다. 효과적인 스토리에 대한 고민이 서사학 분야에서 태동했다고 설명한 것처럼, 해당 시점에 이르러 스토리텔링 개념이 본격적으로 언급된 것 또한 서사학 분야에서였다. 바르트(Roland Barthes)가 스토리텔링을 언급하며 '서사학'이라고 말한 것이나, 언어학자 살몽(Christian Salmon)이 스토리텔링은 '이야기를 만들어서 정신을 포맷하는 장치'라고 말한 것이 모두 이때다.

이 시기 들어 스토리텔링에 대한 이론적 연구나 관심이 증폭될 수밖에 없었던 이유는 당시 상황을 들여다보면 잘 알 수 있다. 제1차 세계대전 후 1920년대 미국은 대량생산·소비의 시대를 맞이해 전례 없는 호황을 누렸고, 라디오 방송이 막 시작되어 미국 전역으로 퍼져나갔다.

전파 매체를 중심으로 하는 매스미디어의 등장은 스토리텔링의 역사가 한 단계 더 도약할 수 있는 발판이 되었다. 문자와 인쇄술의 발명 이래 또다시 새로운 시대를 연 혁명적 미디어로서 매스미디어가 당대 가장 영향력 있는 전달 수단으로 떠오른 것이다. 매스미디어가 인류의 정치·경제·사회·문화 분야에 끼칠 긍정적인 영향과 그로 인해 도래할 장밋빛 미래에 대한 환상이 뒤따르기도 했고, 매스미디어의 등장을 새로운 감시 및 통제 수단의 출현 혹은 절대적인 지배질서의 연속으로 파악하는 디스토피아(이상향을 가리키는 '유토피아'의 반대말)적 담론이 펼쳐지기도 하였다. 인류사에서 뉴미디어가 등장할 때마다 늘 올드미디어와 충돌과 갈등, 융합과 수용의 과정을 겪으며 홍역을 앓기는 했지만, 유난히 매스미디어는 이전의 어떤 문화적 혁명보다 강력하고 절대적인 것으로 묘사되며 우려와 희망을 동시에 낳았다.

사실 매스미디어의 파급력은 누가 봐도 분명했다. 당장 텔레비전, 라디오와 같은 전통 매체는 전파의 힘을 통해 하나의 스토리를 동시다발적으로 세상과 공유하게 만들었다. 그것은 이전의 교통·통신 등 그 어떤 발전보다 더 빠르게 사회를 물들였고, 훨씬 더 많은 사람들에게 그 영향력을 발휘하였다.

스토리에 시청각적인 감성과 감각을 부여할 수 있다는 점에서 텔레비전과 라디오는 기존 매체들과 확연히 달랐다. 언어만이 유일하고 실제적인 기호였던 고대의 기준으로 판단했을 때, 그리스의 알파벳 소리가 문자 형태로 나타난 기원전 900~기원전 800년경의 표의문자나 그 이전의 상형문자 등 문자의 등장만으로도 언어의 구술성이 시청각적으로 재현된 것이라고 여겨졌었다. 하지만 이는 어디까지나 과거의 한정된 관점에 지나지 않았다. 기술이 발달하여 구두 언어가 기계의 물리신호로 전환되고, 소리나 연속된 사진을 통해 시청각 정보까지 온전히 기록해 전달할 수 있게 되면서부터는 스토리텔링 기호의 시청각성이 과거와 전혀 다른 방식으로 완성될 수 있었다.

단순히 기술 발달을 통한 결과적인 산물이기보다는 당대 시공간을 압축한 새로운 커뮤니케이션 수단으로서의 매스미디어는 스토리텔링이 사회에 미칠 수 있는 영향력을 확연히 증대시켰다. 과장해서 말하면, 매스미디어는 당대 산업사회에서 마치 세상을 지배하는 진리와도 같았다. 예컨대 공간적 한계를 깨고 스토리를 직접 전달할 수 있었기에 전달되는 스토리 정보의 질과 양이 높을 수밖에 없었고, 그에 따라 스토리는 수용자의 사고와 정서에 과거보다 직접적으로 닿을 수 있었다.

이 시기의 스토리 변화 양상은 매체 발전에 의한 것만은 아니었다. 대량생산이 가능해진 기계로 노동력이 대체되면서 인류에게는 이전보다 훨씬 많은 여가시간이 주어졌고, 더불어 발전한 도시의 시스템과 매스미디어의 부산물로 대중문화가 탄생하였다. 이렇게 형성된 대중문화는 해당 스토리를 향유하는 수용자가 절대 다수의 대중이라는 점에 있어서도 특별했지만, 무엇보다 기술적으로 빠른 동질화와 동일화가 가능하다는 것이 크나큰 장점이었다. 한두 명의 작가 개인이 아닌, 빠르게 퍼져나가는 매체 속성에 근거하여 대중의 가치관에 기초한 점 역시 사람들에게 매력적으로 다가왔다.

매스미디어가 발전을 유도한 대중문화가 시대를 지배하면서 바르트가 언급한 서사는 이제 문학에서의 서사만을 일컫는 것이 아니라, 기존의 소설을 포함해 동화와 만화, 새로이 나타난 영화와 같은 것에 이르기까지 여러 대중적 장르에 담긴 것으로 받아들여지게 되었다. 그가 말했듯이 "이 세상에는 다양한 매체와 형식으로 구성된 수많은 스토리가 존재"함을 전 세계가 알게 된 것이다.

이 시기의 스토리텔링은 이전보다 더욱 확대된 보편성을 갖게 되었다. 아직 모든 사람이 스토리의 주인이 될 수는 없었지만, 인류 역사상 거의 최초로 하나의 스토리가 대부분의 사람에게 전달될 수 있었고, 그렇게 전달된 스토리를 중심으로 스토리 공동체가 형성되기도 하였다.

물론 스토리가 빠르게 전파되고 전 지구적인 보편성을 갖게 되었다고 해서 그것이 마냥 좋기만 한 것은 아니다. 매스미디어 시대의 스토리텔링은 스토리의 독창성이나 다양한 가능성들이 오히려 이전보다 줄어들었고, 스토리가 상업화되기도 하는 등 이전에는 전혀 고민하지 않았던 문제들에 부딪히게 되었다. 스토리가 확산이나 당대의 대중적인 흐름 및 보편성만을 크게 의식해 스스로 획일적인 관점과 해석을 만들어내기도 하였고, 그러한 스토리를 통해 사람들의 생각이나 관점을 의도한 대로 조장하기도 하였다. 결과적으로 이전에는 전혀 경험해본 적 없었던 스토리에 대한 파급력을 의식해 사회·정치적으로든, 경제적으로든 그 힘을 이용하고자 하는 이들에 의해 스토리가 이용당할 위기에 처하게 되었다.

디지털 스토리텔링: 디지털 기술의 발달과 스토리텔링의 진화

이전 시대, 특히 매스미디어 시대의 스토리텔링은 스토리와 텔링이 마치 분리된 개념처럼 받아들여져왔다. 하지만 실제로 스토리텔링은 용어로 설명되는 스토리와 텔링이라는 부분적인 개념의 합 이상으로, 거꾸로 스토리가 텔링을 통해 변화하는 유기적인 과정까지 그 의미에 포함된다. 곧 이야기의 원천 내용이 되는 부분을 '스토리'라 하고 스토리가 진술·전달되는 형식을 '텔링'이라고 할 때, 단순히 별개의 것으로 분리된 스토리와 텔링을 통틀어 스토리텔링이라고 하는 것이 아니라 상호 영향을 주고받으며 스토리가 텔링되는 유기적인 과정 자체를 스토리텔링이라고 할 수 있는 것이다. 스토리텔링의 유기적인 과정이라고 하니 언뜻 감이 오지 않지만, 이와 같은 변화 내지는 변화하는 형태를 포함하는 스토리텔링으로서의 현대 스토리텔링은 사실 오늘날 우리에게 가장 익숙한 스토리텔링의 형태 중 하나다.

구술에서 문자로, 문자에서 전파 매체로 이미 변화하고 진화한 스토리텔링이 또 한 단계 진보하게 되는 원동력은 디지털 기술의 발달이다. 매스미디어가 100년도 채 되지 않는 시간 동안 대중문화의 팽창과 발전을 견인해 스토리텔링의 기능 및 가능성의 최대치를 보여주었다면, 디지털 기술은 그보다 훨씬 짧은 시간에 우리 주변의 모습과 스토리텔링의 양상을 완전히 새로운 것으로 변화시켰다. 이전까지는 각종 기술의 발전에 따라 출현한 매체들이 주로 스토리 전달을 위한 간접적인 수단과 매개가 되었다면, 디지털 기술은 매체의 환경 자체를 바꾸어 다양하고 직접적이면서도 유기적인 스토리텔링을 탄생시켰다. 이 시기는 기술의 발전이 다른 그 어떤 발전보다 빠르게 진행되어 스토리 전달에 대한 지난 세대의 방식과 방법론의 여운이 채 가시기도 전이었다. 또 진보의 수준과 속도를 매 순간 경신하는 컴퓨터 하드웨어와 인터넷망의 발전이 모든 것을 변화시키던 시기이기도 하였다. 이러한 혁명적인 스토리텔링의 변화는 스토리텔링의 이름을 아예 바꾸어 '디지털 스토리텔링'이라는 신조어를 탄생시키기에 이르렀다.

1993년, 미국의 비영리단체 '디지털 스토리텔링 센터(Center for Digital Storytelling)'는 '디지털 스토리텔링'을 주제어로 워크숍을 개최하였다. 당시 북미권에서 한창 연구 및 회자되던 디지털 스토리텔링은 본래 대학 내에서 운영되던 글쓰기 프로그램을 발전시킨 형태로 출발했으나, 이후 스토리의 창작자들이 네트워킹을 능동적으로 이용해 스토리 콘텐츠를 다중적으로 상호 연결하고 공유하는 형태로까지 발전시켰다. 그럼으로써 개인의 문제부터 지역사회의 사건에 이르기까지 다양한 사회·문화적 문제들로 상호 교환적으로 이야기를 구성하며, 개방적인 스토리텔링 형식을 지니게 되었다. 하지만 당시 북미의 디지털 스토리텔링은 미국 사회 내부의 '구비 역사(Oral History)'와 '정체성(Identity)'을 구축하는 과정 중 생겨난 것으로, 스토리텔링을 한정적으로 활용했을 뿐이고 구체적인 스토리텔링의 패러다임을 변화시키지는 못했다는 한계점이 있었다. 대신해 변화된 패러다임으로서의 디지털 스토리텔링의 특징은 다른 이론적 언급을 통해 살펴볼 수 있다.

머레이(Janet Murray)는 디지털 세계관의 등장과 스토리를 연관 지은 대표적인 학자다. 그는 디지털 환경의 네 가지 고유한 자산으로 과정추론적·참여적·공간적·백과사전적 특징을 언급하며, "이러한 특징들이 디지털 환경의 새로운 이야기관을 창조한다"고 덧붙였다. 복합적이고 불확정적인 반응들을 끊임없이 검증하여 보편적 규칙을 규정하는 컴퓨터의 '과정추론적' 특징과, 사용자 행동을 유도할 수 있도록 고안된 인터넷 기반의 '참여적' 인터페이스는 스토리의 '상호작용'이 유발하는 거의 모든 것을 가능하도록 도와준다. 또 이미 마련된 공간뿐만 아니라 유기적으로 디지털상에 새로운 공간을 재현하거나 창조하는 '공간적' 특징과, 컴퓨터의 기억·계산 능력을 활용한 '백과사전적' 특징은 광대하고도 답사 가능한 스토리 세계를 창조하는 데 일조하고 있다.

물론 이것이 스토리 분야에만 한정된 이야기는 아니다. 디지털 기술을 통한 전방위적 혁신을 예견이라도 한 듯, 머레이는 일찍이 "디지털이라는 단어가 기술적인 정의를 뛰어넘어 패러다임의 변화 자체로 이어질 것"임을 예상하고 이를 강조하였다. MIT 미디어랩을 설립한 네그로폰테(Nicholas Negroponte) 역시 "디지털 기술이 인간의 사회·문화적 패러다임을 교체할 것"이라고 주장한 바 있다.

이전과 확연히 달라진 스토리텔링의 특성을 이처럼 많은 학자들이 저마다의 용어로 설명했지만, 그중 가장 많이 언급되는 특성들을 종합해보면 크게 비선형성·상호작용성·매체전환성 세 가지로 요약된다. 이 세 가지 속성은 각기 비선형성과 상호작용성이, 상호작용성과 매체전환성이 디지털 속성을 기반으로 서로 연결돼 있어 완전히 별개로 분리될 수 없는 특성이기도 하다.

다양한 입장과 공간을 넘나들다: 디지털 스토리텔링의 비선형성

과거의 스토리는 지식이자 정보였고, 텔링은 지식을 이전하는 과정과 절차 그리고 방법이었다. 하지만 대중문화 시기 등을 거치며 스토리는 '재미'를 추구하는 무엇으로 변화되었다. 디지털 스토리텔링 시대에 이르러서도 그 변화의 움직임은 계속되었다. 과거 원시 수렵사회에서 농업사회를 거쳐 산업사회에 이르기까지, 그동안 수없이 텔링의 형태가 변화하고 스토리와 텔링이 만나는 방식이 바뀌었지만, 현대 디지털 스토리텔링 시대에서는 다른 무엇보다 스토리 자체가 본격적으로 달라지기 시작한다. 매체가 진화함에 따라 서사도 함께 발전한 것이다. 스토리가 달라진 결정적인 이유는 디지털 망을 통해 스토리의 배경이 전 지구적으로 확장된 것과 더불어, 스토리에 대한 즉각적인 피드백이 가능해졌기 때문이다. 인터넷망이 만들어내는 무한히 큰 사이버 공간 속에서 작가의 상상력은 어디에나 침투할 수 있게 되었으며, 거꾸로 스토리를 대하는 다양한 사람들의 관점이나 반응을 즉각적으로 확인할 수 있게 되었다.

이를 설명하는 용어로 문학에서 쓰였던 '비선형성(Non-linearity)'이라는 단어가 있다. 이 단어는 수학이나 물리학에서만 쓰는 개념이 아닌 문학과 같은 이야기를 설명할 때도 필요한 개념이다. 이른바 스토리 속에 그 방향과 모양이 한정된, 선으로 고정된 하나의 이야기만을 즐기는 것이 아니라 여러 입장과 공간을 넘나드는 여러 이야기의 가능성을 비(非)선형으로 접한다는 관점이었다. '비순차성(Random Access)'이라고도 부를 수 있는 이 개념과 함께 실제 비선형적인 스토리텔링 또한 문학작품에서 먼저 선보였다. 이들은 선형성이 갖는 제약을 없애고자 했으며, 스토리 기반의 소재를 표현하기 위해 기존과는 다른 형태의 플롯을 실험하였다. 문학으로서 초기 비선형적인 스토리를 대표하는 작품은 스턴(Laurence Stern)이 쓴 『신사, 트리스트럼 섄디의 생애와 견해(The Life and Opinion of Tristram Shandy, Gentleman)』다. 총 9권인 이 작품은 1757년부터 1766년까지 장장 9년에 걸쳐 쓰였는데, 특이하게도 스토리가 하나의 이야기로 출발했다가 갑자기 완전히 다른 이야기로 바뀌고, 바뀐 지 얼마 지나지 않아 또다시 다른 방향으로 스토리가 전개되는 등 비전형적이고 독특한 전개 방식을 취하고 있다. 이 같은 실험은 20세기 중반에도 계속되었는데, 미국의 소설가 버로스(William Burroughs)는 자신의 마약중독 체험을 바탕으로 독특한 형태의 산문시를 쓰기도 하였다. 이 글은 하나의 스토리가 여러 조각으로 나뉜 뒤 이를 각기 다른 순서로 재결합하는 방식을 취했는데, 버로스는 이러한 '컷 업(Cut Up)' 방식의 재배열이 문학의 새로운 의미를 나타내는 형식이라고 믿었다.

하나의 스토리에 몇 개의 분기점을 넣어 여러 가지 스토리로 바꾸고, 이러한 복합적인 이야기 구조를 통해 새로운 스토리 실험을 하는 '미로 텍스트'라는 장르도 생겨났다. 미로 텍스트란 작가가 어떤 사건이나 상황에서 두 가지 이상의 갈림길을 만들어놓고, 사용자로 하여금 서사의 갈림길 중

하나를 선택하게 하는 방식의 텍스트다.

비선형성이 잘 드러난 예이자 미로 텍스트의 한 유형으로 『여러분 스스로의 모험을 선택하세요(Choosing Your Own Adventure)』와 같은 책이 있다. 이 책은 스토리가 하나로 고정돼 있지 않다는 점에서 기존의 책들과 많이 달랐다. 이 책에는 스토리 진행을 위해 반드시 특정한 선택을 해야 하는 분기점이 등장하고, 독자들은 각자의 선택에 따라 각기 다른 페이지 번호로 이동하는데, 독자들이 어떤 선택을 하느냐에 따라 결말이 달라진다.

문학 텍스트의 경우 수용자의 선택에 따라 스토리가 발전하는 방식을 취하기는 했으나, 독자가 직접 페이지를 넘겨야 할뿐더러 선택하지 않은 스토리의 지면도 책에 포함돼 있다는 게 함정이었다. 이러한 책이 가진 비선형성의 한계를 극복해낸 것이 바로 연극이다. 19세기 말부터 20세기 초에 활동했던 이탈리아 극작가인 피란델로(Luigi Pirandello)는 무대와 관객 사이를 구분하는 가상의 경계 개념인 '제4의 벽'을 고의적으로 깨부수어 무대 위 스토리를 고정된 선으로부터 해방시켰다. 피란델로는 연극 「작가의 여섯 가지 성격 연구(Six Characters in Search of an Author)」에서 이야기가 채 완성되지 않은 스토리를 배우들이 연기하게 했고, 그들에게 실제 인물인 것처럼 연기해달라고 주문하기도 하였다. 오스트리아 극작가 한트케(Peter Handke)가 1966년에 발표한 「관객모독(Publikums beschimpfung)」은 한술 더 떠 아예 정해진 스토리가 따로 없다. 당연히 숙달된 연기도 없다. 연극이 진행되는 동안 일어나는, 즉 배우와 관객 사이에서 벌어지는 '사건들'로 이야기가 즉흥적으로 전개된다. 여기서는 연극이 진행되는 바로 그 순간의 현실이 가장 중요한 관심의 대상이다.

한편 비선형성이 매우 특수한 형식으로 쓰이는 다른 분야와 달리, 가장 일상적인 것으로 활용되는 영역이 디지털 시대에 이르러 등장하기도 하였다. 바로 컴퓨터 게임과 비디오 게임이다. 컴퓨터가 처음 세상에 나왔을 때의 게임은 스토리와 상관없이 지극히 한정적인 오락성만을 지녔었다. 하지만 디지털 시대에 이르러 컴퓨터 기술이 발전하고 온라인 인프라에 기반을 둔 다양하고 방대한 게임 환경이 조성되면서, 게임 속 스토리 또한 사용자의 참여와 선택에 구애받지 않고 시시각각 변화하는 비선형성을 적극적으로 차용할 수 있게 되었다.

스토리의 전 지구적 소통: 디지털 스토리텔링의 상호작용성

컴퓨터 게임의 비선형성은 현대 스토리텔링 분야에 새로이 나타난 또 다른 속성인 '상호작용성'과 통하기도 한다. 디지털 스토리텔링 개념을 연구한 밀러(Carolyn Handler Miler)

는 "디지털 스토리텔링은 디지털 기술과 매체를 통해서 청중에게 전달되는 내러티브다"라고 설명하면서, 단지 직선적인 선형성을 탈피한 스토리로서의 비선형성을 넘어 그것이 적극적으로 주고받는 상호작용으로서의 비선형적 특징들을 주시하였다. 고대 구전으로부터 출발한 스토리텔링의 과거 모습을 상상해보자. 그것은 어린아이가 할머니의 무릎을 베고 듣던 '옛날이야기' 같은 방식으로 그려졌다. 이는 듣는 이에 의해 스토리가 변화될 가능성이 없는 일방적인 스토리였으며, 수신자는 그저 이야기를 가만히 듣고 즐기는 입장이었다. 스토리텔링의 그러한 방식은 1920년대 이후 교통과 통신 기술이 비약적으로 발전하던 때나, 뉴미디어의 등장으로 인해 스토리가 전 지구적으로 뻗쳐나가던 매스미디어 시대에도 별반 다를 게 없었다.

하지만 디지털 매체와 인터넷망의 출현은 기나긴 역사 속에서 이루어져오던 관성의 방향을 완전히 뒤바꾸었다. 고대 구전의 일대일 접촉이나 텍스트 기반의 일방적 스토리텔링과 구별되는 쌍방향 성격으로 스토리텔링이 진화한 것이다. 이는 수용자의 주도적인 선택에 의해 스토리의 선형성이 깨졌다는 점에서 비선형성과도 밀접한 관련이 있지만, 기본적인 스토리 플랫폼을 바탕으로 수용자 간의 상호작용까지도 가능하게 했다는 점에서 성격이 조금 다르다. 이에 따라 하나의 이야기가 다양한 장르와 매체를 통해 변용되었으며, 지구 반대편에서 다수와 다수가 서로 소통하게 되기도 하였다. 끊임없는 소통을 통해 더 이상 고정된 스토리 플롯이 아닌 즉각적인 변화 가능성을 지니게 된 스토리텔링은 이제 발신자와 수신자의 구분조차 모호해졌다. 달리 말해 앞선 매스미디어 시대에 출현한 글로벌 스토리텔링의 방식이 스토리의 전 지구적 보급화를 이끌었다면, 디지털 스토리텔링의 방식은 보다 직접적인 네트워크성을 통해 스토리의 전 지구적 소통을 이끌었다고 표현할 수 있다. 지금 우리는 누구나 스토리의 주체가 될 수 있는 시대에 살고 있다.

다양한 매체와 장르로의 확장: 디지털 스토리텔링의 매체전환성

마지막 특성으로 '매체전환성'을 들 수 있다. 매체전환이란 스토리를 전달하는 매체가 얼마든지 다른 것으로 바뀔 수 있다는 뜻이다. 오랜 시간 인류는 한두 매체를 통해서만 스토리를 접해왔다. 그 가운데 사람의 목소리, 노래와 악기 연주 등이 만들어내는 청각 정보를 통해 스토리를 '들어온' 기간이 가장 길 것이다. 이후에는 편지나 책 같은 문자 매체나 사진 같은 시각 매체를 통하기도 했고, 문학의 시대에 현대 작가 조이스(James Joyce)는 소설 『율리시스(Ulysses)』와 『피네간의 경야(Finnegan's Wake)』를 통해 그림을 보는 서술, 청각적 시뮬레이션 같은 한두 가지 지각 정보로 한정되지 않는 소설의 가능성을 시험해보기도 하였다.

하지만 오늘날 스토리텔링 매체는 컴퓨터의 개발과 다양한 디지털 매체의 구현을 통해 텍스트의 한계를 훨씬 적극적으로 뛰어넘는다. 이미 구시대적인 말이 돼버린 미디어 용어로서 '문자, 동영상, 이미지를 포괄한 미디어'라는 뜻을 지닌 '멀티미디어(Multimedia)'는 미디어의 모습이 과거와 얼마나 다른지 보여주는 하나의 사례일 뿐이다. 문자 기호로 기술되어 인쇄 매체로 전달되어온 이야기 속 서사가 음성·음향·문자·시각 기호 등이 다양하게 혼합된 디지털 미디어로 변화되고, 디지털 미디어를 통해 한 사람 이상의 화자(혹은 저자)가 다수의 사용자에게 여러 가지 감각의 정보가 혼합된 비선형적 서사를 서로 공유하고 쌍방향 소통하는 형태로 이루어지는 것이 현재 스토리텔링의 소비 방식이다.

멀티미디어라는 표현이 존재하듯이, 다양한 매체가 여러 방식으로 손쉽게 이루어지는 오늘날의 스토리텔링을 두고 '매체통합'이라 부르기도 한다. 이는 여러 매체가 합쳐진 기능을 한다는 의미다. 또 그러한 속성이 있다는 의미로 '스토리텔링의 매체통합성'이라는 설명을 붙이기도 한다.

애초에 스토리는 여러 매체와 방식으로 표현되었는데, 과거에는 필요에 따라 각각 별개의 매체로 표현되었던 스토리가 오늘날에는 발전한 기술에 힘입어 모든 매체의 기능이 하나로 통합된 채로 나타날 수 있다는 것이다. 엄밀히 말하면 현대 스토리텔링은 매체와 장르가 하나로 통합되어 이루어지기보다는 모든 매체와 장르 영역을 염두에 두고 필요에 따른 매체 기능들을 통합해가며 자기 모습을 변형하여 존재한다. 곧 매체에 따른 기술적 한계에서 점차 벗어나 끊임없이 전환 가능한 것이 현대 스토리텔링의 특징인 것이다. 이는 하나의 스토리가 하나의 표현 수단만을 갖던 이전의 한계성을 깨뜨리고, 또 다른 매체와 장르를 통해 확장되어가는 방식이기도 하다.

문화콘텐츠 분야에서는 하나의 원천 스토리가 다양한 방식으로 전환된다는 의미에서 '원 소스 멀티 유스(OSMU: One Source Multi Use)'라는 표현을 쓰기도 했고, 광고계에서는 하나의 상품이나 서비스에 대한 광고 메시지가 기존 매스미디어를 비롯해 온라인 채널 등 여러 가지 미디어로 전달된다는 관점에서 '미디어믹스(Media Mix)'라는 개념 용어를 활용하기도 하였다. 최근에는 OSMU 개념에서 확장된 '멀티 소스 멀티 유스(MSMU: Multi Source Multi Use)'라는 용어가 등장해 쓰이고 있다. 이는 단지 하나의 원천 스토리가 아닌, 다양한 스토리 관심과 소재를 융합하고 뒤섞어 각 매체와 플랫폼에 맞게 재구성·활용한다는 뜻을 지녔다. 처음부터 트랜스미디어 스토리텔링을 목표로 하는 기획이 생겨나기도 했고, 성공적인 원작을 확장하기 위한 다양한 시도와 노력이 펼쳐지기도 하였다.

이처럼 현대에 접어들어 스토리텔링과 관련된 용어들이 매우 다양하게 생겨났다. 이 용어들은 모두 디지털 매체의 등장에 따른 스토리텔링의 트랜스미디어적 속성을 잘 드러내는 표현들로, 스토리텔링 역사를 통틀어 가장 복잡다단해지고 유연해진 '텔링'의 속성이 용어에 잘 나타나 있다. 최근 들어선 매체의 변화 속도가 더 빨라지는 추세다. 컴퓨터 환경을 뛰어넘은 모바일 환경의 보편화와 스마트폰·태플릿 PC 등 스마트 기기의 고성능화 및 높은 보급률, 여기에 손쉬운 콘텐츠 제작 환경은 더욱 쉽고 다양하게 매체들을 변화시키고 있다.

스토리두잉:
스토리텔링 이후의 스토리텔링

스토리 가치의 시대: '어떻게'를 뛰어넘어 '왜'를 추구하다

디지털 스토리텔링이 현대 스토리텔링 개념으로 당연시되고 있을 때, 새로운 시각과 관점을 가진 '스토리두잉' 개념이 세상에 나타났다. 물론 스토리텔링이 그랬던 것처럼 스토리두잉 또한 이전에 있었던 개념과 완전히 다르거나 새로운 것은 아니었다. 기존의 스토리텔링을 더욱 유연하게 보고 그 실천 대상을 확장하려는 의도에서 발전한 개념으로, 이미 발전해오던 스토리텔링의 개념을 상당수 차용하는 관점이었다. 스토리텔링 역사에서 보았을 때, 디지털 스토리텔링이 이전보다 훨씬 더 자유로운 속성으로 발전해온 것과 마찬가지로 말이다.

현대 디지털 스토리텔링 시점에 이르러 스토리텔링은 분명 주체와 매체 문제로부터 완전히 해방되었다. 스토리는 이제 누구든 말할 수 있고, 어떤 방식으로든 표현되고 변용될 수 있다. 어찌 보면 인류 역사상 전례가 없을 정도로 여기저기서 스토리텔링이 범람하게 된 것이다. 그러나 이 같은 스토리텔링의 무한한 발전 주체와 매체의 무한한 확장 가능성이 거꾸로 스토리텔링을 구속하는 기반이 되기도 한다.

초기 스토리텔링 개념 속 '텔링'은 그저 수단에 불과했다. 그리고 그 시기엔 "스토리를 통해 '무엇'을 말하고자 하는가?"가 핵심적인 문제였다. 하지만 매체가 진화함에 따라 스토리를 다양한 매체로 표현할 수 있게 되고, 또 각 매체로의 전환이나 통합이 가능해지면서 사람들은 스토리 자체보다 효율적인 '텔링' 방법을 찾는 데 더욱 집중할 수 있게 되었다. 그리하여 찾아온 디지털 스토리텔링 시기는 누구든지 스토리를 생산하고 소비하는 시대이자, "스토리 원형을 '어떻게' 효과적으로 전달할 것인가?"가 핵심적인 문제로 떠오른 시대였다.

하지만 이는 잠시뿐이었다. 스토리의 소비는 소비하는 대상에게 주어진 시간만큼 한정돼 있거나 천천히 성장하는 데

반해, 스토리의 생산과 공급은 기하급수적으로 늘어만 갔다. 이에 사람들은 넘쳐나는 스토리의 홍수 속에서 어떻게 하면 자신의 스토리가 살아남을 수 있을지 고민하게 되었다.

미디어 환경의 변화는 수많은 채널을 양산하였고, 이에 따라 수많은 콘텐츠가 쏟아져나왔다. 그 결과 질적인 일관성이 보장되는 콘텐츠가 더욱 절실해졌다. 심지어 스토리의 원형이 되는 제반 문화를 일종의 상업적인 도구로만 여기는 풍토까지 생겨났다. 매스미디어가 획일적인 스토리 양상을 초래한 것과 마찬가지로, 트랜스미디어 시대의 문화산업은 황금알을 낳는 거대한 금광인 동시에 원천 스토리를 변형시키는 주범이기도 하였다. 스토리를 전달하는 수단은 한층 다양해졌지만, 그 원천가치에 대한 고민이 대두되었다.

이제 우리는 스토리를 통해 무엇을 기대하고 바라야만 할까? 덴마크의 미래학자 옌센(Rolf Jensen)으로부터 힌트를 얻을 수 있다. 그의 말을 인용하면, "미래의 스토리는 '가치'에 대한 진술"이다. 사회경제가 고도화되기 이전의 과거 시절에는 개인이 자신에게 없는 것을 '교환'을 통해 메꿈으로써 필요에 따라 개인적인 가치를 생산해냈다. 산업혁명 이후에는 새로운 필요를 공산품으로 만들어내 '제품'이라는 가치를 생산하기도 하였다. 정보화 시대를 지나온 오늘날은 또 다르다. 이제 우리는 특정한 기능을 지닌 제품이나 상품은 물론

이거니와 어떤 정보든 거리와 온라인상에서 쉽게 발견할 수 있다. 때문에 '그것 자체가 무엇인가'보다는 '같은 상품과 정보들 가운데 개인의 필요와 가치에 따라 차별화된 것이 무엇인가'를 가늠하는 게 특별한 것이 되었다. 이른바 '스토리 가치(Story Value)의 시대'가 도래한 것이다.

서사학에서 주로 쓰이던 스토리텔링을 마케팅 수단으로 활용하여, 제품이나 브랜드에 나름의 가치를 부여하고자 했던 노력은 그와 같은 분별을 위한 시도 중 하나였다. 스토리의 홍수 속에서 아무리 인상적인 스토리를 전달해도 개인(소비자)에게 별다른 가치가 없는 스토리의 전달은, 오늘날 무수히 많은 제품과 브랜드를 소비하는 이들에게 완전히 무의미한 것으로 여겨질 것이기 때문이다.

삭스(Jonah Sachs)는 '양심 있는 창작'을 모토로, 인권·환경 등 의미 있는 가치와 사회적 메시지를 담은 영상물을 제작하는 프리레인지 스튜디오(Free Range Studio)의 공동 설립자이자 최고 경영자이다. 그는 "제품에 소비자가 의미 있어 할 가치를 심는 것이 중요하다"고 믿었다. 그리고 "인간은 '정의' '진실' '선(善)' '아름다움'과 같은 보다 고차원적인 가치를 추구하는 존재이므로 여러 비슷한 선택 가능성 중에 더욱 고차원적 가치를 추구하는 브랜드를 선호하며, 이를 통해 자아성취나 세계 개선을 지향한다"고 주장하는 등 스토리의 가치를 매우 중요하게 역설하였다.

브랜드와 스토리 이면에 담긴 의미와 가치를 고려하는 경향은 동시대 스토리의 형태 또한 변화시켰다. 이는 현대 문화와 산업계에 '감성'이 중요한 화두로 등장한 시대적 맥락과 시기가 일치한다. 제품의 성능이나 브랜드의 정체성만으로 차별화가 어려워짐에 따라 스토리를 받아들이는 쪽이 이를 개별적인 시간과 이야기로 이해하고 의미를 부여하게 하는 '감성'에 더욱 집중하게 된 것이다. 이는 앞서 인류가 더 이상 이성적 계산에 연연하지 않고 감성적인 마음에 가치를 부여하는 사회가 될 것이라고 예견한 옌센의 견해와 일치한다.

그의 기준에서 미래의 성공적인 기업 리더의 모델은 기업의 문화와 브랜드를 창조하는 이야기꾼이다. 또 이들은 기업에 긍정적인 이미지를 심고 이를 전파하는 것에 더해 그만의 특별한 스토리를 상품에 담아내어 경쟁 우위를 확보하는 사람이다. 옌센의 관점에서 스토리텔링과 대중 간의 관계를 파악하면, 대중은 언제나 멋진 스토리와 감성을 원하며 거기에 기꺼이 돈을 지불할 잠재적 소비자다. 이에 따라 기업이 성공하려면 뛰어난 스토리텔러를 보유해야 하며, 이익이 아닌 신념을 추구해야만 한다. 여기서 기업을 대표하는 스토리는 문장으로 잘 다듬어진 기존의 '서사'가 아니라, 기업의 가치를 드러내는 전략적 이미지에 가깝다.

1992년, 미국 로스앤젤레스에서 흑인들이 폭동을 일으켰을 당시 시내에 위치한 건물들 상당수가 피해를 입었는데, 유독 멀쩡한 곳이 있었다. 바로 패스트푸드 업체인 맥도날드 매장이었다. 그 이유가 궁금했던 사회학자들이 질문을 던졌더니, "그들(맥도날드)은 우리 편이다(They are one of us)"라는 답변이 돌아왔다고 한다. 당시 맥도날드는 주요 고객인 흑인들을 위해 농구장을 만들어주거나 거리의 부랑자들에게 아침마다 커피를 제공하는 등의 사회공헌 활동을 펼쳤는데, 이것이 흑인들에게 '우리 편'이라는 인식을 심어준 것이다. 물론 그 기저에는 단순한 사회적 운동이 아닌 맥도날드의 브랜드 에센스인 '가족(Family)'이라는 가치가 자리하고 있었다.

에너지 드링크를 생산하는 레드불(Red Bull)의 스포츠마케팅도 하나의 예가 될 수 있다. 레드불의 스포츠마케팅은 일반적인 글로벌 기업들과 확연히 다르다. 언뜻 보면 남들과 똑같은 마케팅 방식을 취하는 것 같지만, 특수한 가치를 스토리텔링을 통해 전파한다는 점에서 차이가 있다. 레드불은 자사 브랜드만이 추구하는 가치와 스토리를 소비자들에게 각인시킴으로써 브랜드 홍보에 효과를 거두고 있다. 특별한 것은 올림픽이나 월드컵처럼 대중적으로 인기 있고 전 세계인의 관심을 받는 대형 스포츠 이벤트가 아니라 소수의 마니아층에게만 인기 있는 익스트림 스포츠에 집중 투자한다는 점이다. 현재 레드불이 지원하는 익스트림 스포츠는 그 종류도 다양하고 선수 또한 많은데, 일반 대중은 전혀 모를 법한 무명선수까지 후원하고 있다. 전체 예산의 30퍼센트가량을 마케팅 분야에 사용하고, 레드불 홈페이지에 접속하면 제품정보보다 레드불이 후원하는 각종 스포츠와 선수 및 관련 이벤트를 더 쉽게 찾아볼 수 있을 정도다. 제품과 직접적인 관련성은 없어 보이지만 이 마케팅 전략은 주효했다. 익스트림 스포츠의 역동성과 도전정신 등 그만의 가치에 주목하여 과감하고 꾸준히 투자하는 레드불의 스토리 전략은 레드불의 성공으로 이어졌다.

레드불의 마케팅 사례 중에서 가장 많이 알려진 것은 2012년에 진행된 '스트라토스 프로젝트'다. 2007년부터 5년간 준비한 이 프로젝트는 오스트리아 출신의 스카이다이버인 바움가르트너(Felix Baumgartner)가 12만 8,000피트(약 39킬로미터) 상공에서 자유낙하로 초음속을 돌파하는, 전무후무한 시도였다. 레드불은 당시 바움가르트너의 자유낙하를 인터넷으로 생중계했는데, 전 세계에서 무려 800만 명이 이 모습을 실시간으로 시청했다. 레드불이 이 프로젝트에 투자한 금액은 6,500만 달러(당시 690억 원 상당)였으나, 마케팅 효과는 이것의 600배가 넘는 400억 달러(42조 4,350억 원 상당)로 추산되었다. 그해 전 세계에서 판매된 '레드불 캔'은 무려

5조 2,260개나 되었고, 이는 전년 대비 16퍼센트나 증가한 실적이었다.

남들과 다른 가치를 강조하고 적극적 스토리두잉을 보여 준 브랜드의 아이덴티티는 강력한 브랜드 연상을 통한 구매 결정과 브랜드 로열티 형성으로 이어짐을 우리는 앞의 사례를 통해 확인하였다. 물론 옌센이 말한 스토리의 가치와 그를 통해 누리는 효과는 비단 기업의 마케팅 측면이나 금전적인 측면에 국한되지 않는다. 문화계에서는 단지 산업이나 경제적인 도구로 여겨지는 시기를 지나 새로운 소통 방식을 취하는 목소리들이 높아지고 있다. 스토리는 전통적인 서사 콘텐츠 혹은 대중문화의 영역뿐만 아니라 사적 영역이나 공공 커뮤니케이션 영역으로까지 확장되어 개인적 가치, 나아가 공익적 가치에까지 그 관심의 영역을 넓히고 있다.

이와 같은 새로운 스토리텔링의 속성과 방식을 두고 아예 다른 용어로 부르는 이들도 하나둘씩 생겨나기 시작했다. 바로 스토리두잉이다. 이 새로운 스토리텔링은 '스토리텔링 2.0' 또는 '스토리두잉'으로 불리며, 그 시작이나 본질과 달리 단지 '어떻게'에만 초점이 맞춰지는 듯한 기존의 스토리텔링과 구별점을 찾고자 하였다. 무엇보다 스토리두잉은 '왜'로부터 출발하는 스토리의 창의적 정신에 근간을 두고 발전하였다.

스토리를 선천적·경제적인 목표로 수단화하는 것만이 아닌, 그 이면의 가치를 스토리 활용의 목적으로 삼아 스토리텔링 개념을 적용하고 융합하는 것으로 가장 대표적인 분야는 바로 교육이다. 스토리를 교육 현장에 사용했던 역사는, 오래전 고대로 다시 거슬러 올라가면 확인할 수 있다. 철학자 아리스토텔레스가 동료들과 대화하고 토론함에 있어 대화의 개념과 방식을 나누어 생각하고, 또 그것을 가르쳤던 『시학』의 전통이 바로 초기 스토리텔링과 교육의 결합 형태인 것이다. 다만, 과거에는 스토리가 교육과 분리되지 않은 개인의 사회적 삶을 영위하는 수단이었고, 사회의 가치·문화·역사를 공유하고 다음 세대에 전수하는 의사소통 방법 자체였기에 굳이 스토리텔링의 가치로서 교육의 기능이 부각되지 않았을 따름이다. 이후에는 국가 중심의 공적인 교육 시스템이 확립되고, 인간의 사고·경험·학습을 이해하는 과정 중심에 실증적·과학적인 합리주의가 자리하면서, 현대 인류의 교수학습 과정이 단순 지식이나 단편적인 정보 전달 및 일방적인 교수자와 수동적인 학습자와 같은 형태로 자리 잡기도 하였다.

하지만 스토리텔링 2.0 시대에 이르러 교육 분야는 예전과 다른 양상을 보인다. 이미 '에듀테인먼트(Edutainment=Edu-cation+Entertainment)'라고 불리는 등 공적인 분야나 교육 목적에 한정되지 않고, 영상·음악·게임 등 다양한 콘텐츠와 오락·재미 요소를 결합한 종합 분야로 발전하고 있다. 교육이 그 자체로 의미를 갖추게 된 것이다. 이전까지는 놀이 및 오락의 개념이 그저 어린이·청소년이 즐기는 것이나 여가의 수단으로 받아들여져왔으나, 오늘날에는 좀 더 넓고 포괄적인 의미로 이해되고 있다. 즉 사회적으로 발생되는 다양한 문제들을 창의적으로 해결하는 중요한 수단으로 자리매김하게 된 것이다. 비록 이 같은 에듀테인먼트 개념 뒤에 감추어져 있기는 하나, 이를 가능하게 하는 것이 스토리텔링 이후의 스토리텔링, 바로 스토리두잉이다.

여러 스토리텔링 기법을 활용한 에듀테인먼트는 진정한 교육의 가치를 실현한다. 단순히 수동적으로 학습되도록 수단화되었던 교육의 형태를 체험하고 이해하기 쉽도록 이야기 형식으로 융합하여 수용하였을 뿐만 아니라, 콘텐츠에 대한 정확한 전달력과 다양한 가능성 그리고 장기적 기억과 보존의 이점을 갖추어 자연스럽게 오늘날 교육 분야에 깊이 스며들고 있다.

또한 스토리두잉은 역사의 가치를 전달하는 방식으로도 활용된다. 관광지 및 관광자원들과 연관된 역사적 사실이나 인물들의 이야기, 전설이나 설화 스토리를 효과적인 텔링을 통해 전달하고 교육하는 것에서 발전하여, 놀이와 체험을 통해 문화재의 가치를 효과적으로 전달할 수 있다. 특히 근대 문화유산의 경우 온존해 있는 것보다 이미 사라진 채 흔적만 남아 있거나 관련된 이야기만 남아 있는 경우가 많으므로 두잉의 역할이 더욱 중요해진다.

1793년, 프랑스 파리에 설립된 세계 최대 규모의 루브르 박물관에는 현재 '온라인 투어(Online Tours)'라는 이름으로 운영되는 가상 투어(Virtual Tours) 프로그램이 있다. 이는 박물관에 직접 가지 않고도 온라인상에서 현장과 똑같은 전시품을 관람할 수 있도록 하는, 가상의 전시 체험이다. 처음 운영 당시엔 근동 유물(Near Eastern Antiquities), 이집트 유물(Egytian Antiquities), 그리스와 에트루리아, 로마 유물(Greek·Etruscan and Roman Antiquities), 이슬람 미술(Islamic Art), 조각(Sculptures), 장식 예술(Decorative Arts), 회화(Paintings), 판화와 소묘(Prints and Drawings), 건축관(Architectural Views), 중세 루브르(Medieval Louvre) 등 10개 구역으로 구분되었다.

가상 투어 프로그램을 직접 실행해보면 전체 화면에는 박물관 내부 전경이 보이고, 왼쪽 아래에는 현재 위치를 나타내는 키맵이 자리하며, 오른쪽 아래에는 전시물에 대한 설명이 위치한다. 컴퓨터 마우스로 앞과 뒤, 왼쪽과 오른쪽으로 자유롭게 이동할 수 있어 마치 실제로 박물관 내부를 걷고 있는 듯한 느낌을 준다.

루브르 박물관의 가상 투어 프로그램의 또 다른 특징은 가상 투어가 진행되는 상태에서 영화의 사운드워크(Sound Walk)가 결합된다는 것이다. 이는 루브르 박물관을 배경으로 한 영화 「다빈치 코드(The Da Vinci Code)」 덕분이다. 영화의 사운드워크가 가상 투어의 화면과 결합되면서 문화재의 스토리와 역사적이고 예술적인 가치 등이 보다 쉽게 공유될 수 있었다.

스토리의 의미와 가치 복원:
장소에 담긴 스토리 가치를 경험하다

가치를 중시하는 스토리두잉적 사고는 스토리의 내용뿐만 아니라 스토리와 관련된 주변 배경이나 상황까지 고려하게 한다. 그리고 이를 통해 스토리텔링의 경향을 이전과는 조금 다른 방향으로 변화시킨다. 그러한 변화 가운데 중요한 개념 중 하나로 장소성(Placeness)이 있다. 장소성이란 말 그대로 공간이나 장소가 품고 있는 특별한 속성을 의미한다. 그동안 스토리텔링이 이론과 실무 양측에서 수행돼오던 방식에서 공간과 장소는 단지 스토리의 배경일 뿐이지, 스토리의 핵심 요소가 될 수 없었다. 하지만 스토리두잉에서는 다르다.

매스미디어 시대의 세계화는 여러 문화적이고 다양한 가치들을 일률적인 것으로 획일화했지만, 반대로 스토리두잉의 등장은 스토리의 의미와 스토리 내면의 가치를 복원하였다. 그러한 오늘날의 의미와 가치를 되살리는 스토리 원천 소스로서 가장 부각되는 것은 개인과 집단의 역사와 경험이다. 이러한 스토리는 텔링을 통해 스토리 수용자에게 간접적으로 수용되지만, 아무리 흥미롭고 몰입도 높은 스토리라 할지라도 듣는 이가 그것을 자기만의 역사로 받아들이지 않으면 특별한 의미를 생성해낼 수 없다는 한계가 있다. 그러나 해당 스토리가 듣는 사람 자신의 이야기가 될 수는 없어도, 그것의 배경이 이야기를 듣는 사람과 관련된 실제적이고 일상적인 장소가 되거나 이후에 영향을 미칠 수 있게 된다면 스토리의 가치를 내재화하고 체계화하는 것이 가능해진다.

스토리는 매체와 결합하여 손쉽게 스토리텔링이 되는 것 같지만 그보다 중요한 것이 발화자와 수용자다. 스토리 발화자가 수용자 없이 이야기를 하거나, 수용자가 발화자 없이 스토리를 향유할 수는 없다. 또한 발화자와 수용자가 중요한 만큼 스토리가 펼쳐지는 공간 또한 중요한 의미를 갖는다. 공간은 스토리의 유통을 담당한다. 유통은 "스토리 밖에서 스토리를 전달한다"는 의미의 유통이 아니라 스토리 표면에 드러나지 않는 "스토리 안의 맥락을 전달한다"는 의

미의 유통이다. 구체적인 공간과 함께 시간도 매우 중요한
데, 스토리 주체들이 수용자와 이야기를 나누기 위한 동의가
이루어진 결과 시점의 일치가 이루어지는 것이다. 컨텍스트
(Context: 맥락)로서의 공간과 장소가 스토리두잉의 중요한 요
소가 되는 까닭은 여기에 있다.

스토리의 중요한 컨텍스트로서 장소성을 강조하는 것에
앞서서, 장소(Place)와 공간(Space)을 개념적으로 구별하고 넘
어갈 필요가 있다. 공간과 장소의 차이에 대해서는 이미 많
은 연구자들에 의해 논의된 바 있다. 장소는 공간보다 복합
적인 개념으로, 공간이라는 단어가 포함하는 물리적 속성 외
에 특정한 활동과 상징성까지 포함하는 사회·문화적 성격
이 매우 강한 개념이다. 공간은 장소를 형성하는 3차원적인
조직이며, 물리적인 개념을 장소와 함께 공유하지만 실제 의
미로는 매우 추상적인 단어다. 특정한 의미로 한정되지 않
는 공간으로부터 출발해 해당 공간을 점유하는 사람이 공간
에 대해 더욱 잘 알게 되고, 자기만의 의미와 가치를 부여하
게 됨에 따라 공간이 장소가 된다. 따라서 장소는 사건·사물
·행위의 영역적인 맥락(Areal Context)이 포함된 의미와 가치
가 있는 곳이며, 우리 삶 속에 포함된 현실 세계의 구체화된
이야기들로 이루어진 스토리두잉의 경로이다.

다시 구별하면 공간이 객관적으로 존재하는 물리적인 실

체라면, 장소는 인간의 주관적인 인식 체계를 통해 특정한 이미지와 가치를 지니고 받아들여지는 의미로 가득 찬 곳이다. 장소는 결코 따로 떨어진 단편적 공간으로 설명될 수 없다. 경계 내부로 스토리 주체의 지각, 실존, 상대적 위치와 시간, 환경, 그리고 경관 등에 의해 총체적으로 설명되어야 하는 복합 결정적 성격을 지닌다. 또한 공간은 영역의 현재 의미만을 포함하지만, 장소는 공간에서 생겨난 과거의 의미와 맥락까지 포함한다. 예전에 일어났던 역사는 물론이고 현재 살고 있는 사람들의 활동까지 모두 포함해서 말이다. 역사로 남아 인지하고 받아들이는 사건 모두가 결국 인간의 산물임을 고려할 때, 장소성은 곧 공간에 얽힌 인간의 역사이자 인간 행동의 결과라고 할 수 있다. 장소성의 개념을 특히 강조한 투안(Yi-Fu Tuan)은 장소에 포함된 복합적인 정체성과 그만의 독특한 아우라(Aura: 어떤 사람이나 장소에 서려 있는 독특한 기운)를 통틀어 장소성이나 장소감 혹은 장소의 혼(Spirit of Place)이라고 불렀다.

장소성 개념 이전에 존재하는 공간, 즉 인간이 발로 딛고 눈으로 바라보는 물리적·시각적인 공간은 물론 중요하다. 하지만 퐁티(Merleau Ponty)가 하나의 행위를 물리적·활동적·심리적 요소로 나누어 규정한 것처럼, 공간 역시 물리적 환경과 인간 활동, 의미 등 여러 가지 요소가 하나의 공통적인 구조로 완성되는 일련의 변증법이라고도 생각할 수 있다. 스토리의 범위는 원래 특정한 시간과 장소 속에서 발생하는 '변화'에 대한 언어적 표현이며, 스토리의 내용은 해당 진행 과정과 변화가 '이해 가능한 언어'로 표현되는 것이라고 할 수 있다. 스토리 내용 속 진행과정과 변화에는 사회·문화·역사적 맥락이 모두 포함되기에, 흔히 인식되는 시간에 더해 장소 또한 스토리의 결정적인 요소로 고려되어야 한다. 실제로 인간의 삶 자체를 스토리로 인식할 때, 장소는 그 삶의 총체성이 녹아든 사회·문화적 양식의 덩어리로 기억된다. 이는 많은 사람들에게 유의미한 의미들로 구성된 종합적 산물이라고 할 수 있다.

장소 정체성의 요소는 스토리가 펼쳐지는 해당 장소 내부에만 국한되지 않고, 장소 외부의 지리·경관·도시와 장소 내부의 집·건물 각종 공간 등 모든 곳에서 어떤 형태로든 발견된다. 또한 장소 요소들이 품고 있는 스토리의 본질은 장소 자체이기보다 장소에 포함되는 사람들의 경험 속에 있다. 장소를 공간과 대조하고, 또 물리적 환경과 더불어 인간 활동과 의미로 이루어진 독특한 체제를 규정하는 것은 장소 안에 인간의 스토리(경험)가 녹아들기 때문이다. 어떤 장소 안에 있다는 것은 거기에 소속된다는 의미이고, 나아가 해당 스토리와 동일시되는 것을 뜻한다. 따라서 장소와 밀접한 연관을 가지면 가질수록 스토리와 더욱 강하게 동일시되고, 장소와 스토리에 대한 정체성 또한 강해진다.

장소에 대한 스토리두잉이 두드러지는 분야 중 하나는 문화유산 관광이다. 문화유산은 인간의 문화적 행위에 대한 결과로 남겨져서 후대로 이어져온 유무형의 자료를 총칭한다. 문화유산 관광은 그중에서도 특정 문화집단의 삶에 대한 지혜가 함축된 공동유산들, 즉 유적지·건축물·기념물·예술품 같은 것들을 관광자원화한 것을 말한다. 역사적 유적지, 박물관, 성 등이 이에 해당한다.

과거 문화유산이나 문화적인 장소로서의 관광지는 지역의 문화유산을 고스란히 보존하는 정도에 그쳤다. 이후 스토리텔링이 유행함에 따라 각 문화유산에 나름의 스토리를 덧입히고 그와 관련된 여러 가지 파생 콘텐츠를 개발하여 지역 문화와 경제에 이바지하려고도 했지만, 이 역시도 방문자들과 현대 스토리 수용자들의 욕구를 만족시키기에 부족한 부분이 있었다. 이에 따라 오늘날 스토리두잉이 주도하는 문화관광은 문화유산에 담긴 스토리를 통해 수용자의 기억과 감성을 끄집어내고, 그들이 방문한 지역과 관련 문화유산에 대하여 단순히 듣고 배우기만 하는 것이 아니라 직접 참여하고 행동하게 함으로써 차별화를 시도하게 되었다.

사람들의 관심과 흥미를 불러일으키는 스토리는 기본적

으로 재미있는 스토리라고 할 수 있다. 더불어 디지털 스토리텔링의 상호작용이나 보다 구체적인 장소에서 이루어지는 스토리두잉을 통함으로써, 해당 스토리의 수용자는 단순히 스토리를 이해하고 재미있게 즐기는 것을 넘어 직접적이고 실감 있게 스토리와 연관되는 경험을 하게 된다.

프랑스 루아르(Loire) 지역의 앙부아즈 고성(Château d'Amboise)을 스토리두잉의 장소성이 드러난 한 예로 들 수 있다. 프랑스에서 가장 긴 루아르 강 주변에는 인구 1만 2,000여 명이 모여 사는 소도시 앙부아즈(Amboise)가 위치한다. 그곳에는 왕과 귀족들이 영화를 누렸던 아름다운 고성들이 산재해 있다. 이는 대부분 15세기 말 샤를 8세(Charles Ⅷ)가 이탈리아 르네상스 양식을 도입해 건립한 성채들로, 그만의 독특한 특징이 잘 살아 있다. 앙부아즈 고성은 1560년 신교도가 프랑수아 2세(François Ⅱ)와 기즈 공작을 습격하여 콩테 공작을 왕위에 올리려다가 실패한 '앙부아즈의 음모'가 있었던 곳이며, 레오나르도 다 빈치(Leonardo da Vinci)가 만년에 머물며 「모나리자」를 완성한 스토리가 깃든 곳이기도 하다.

이에 앙부아즈 지역의 주민들은 역사상 중요한 인물들이 거쳐 갔고 아름답기까지 한 이 지역의 문화자원을 그냥 놔두지 않고, 앙부아즈 고성에 얽힌 스토리를 바탕으로 1976

년 야간 스펙터클 공연을 만들게 된다. 이를 위해 마을 주민들이 중심이 되어 '앙부아즈 르네상스 공연협회(Association Animation Renaissance Amboise)'를 결성하였고, 매년 6월 말부터 9월 초까지 30여 년 동안 지속돼온 '빛과 소리(Son et Lumiere)' 공연에는 앙부아즈 주민들이 배우와 스태프들로 직접 참여하기도 하였다. 지역의 실제 역사적 사건을 배경으로 삼은 공연과 더불어 마을 시장과 축제는 또 다른 볼거리와 즐길 거리를 제공하였다. 프로그램에는 그 지역 전통음식을 만드는 과정을 보여주거나 공연 관람 도중에 지역특산물을 시식·시음하는 참여 프로그램도 포함돼 있다. 지역의 장소성을 스토리두잉으로 복원한 앙부아즈의 사례는 그 가치를 인정받아 2000년에 유네스코 세계문화유산으로 등록되었고, 2004년에는 프랑스 축제 및 역사스펙터클연맹(FFFSH)으로부터 공인인증서를 받기도 하였다.

'플로든 1513 에코뮤지엄(Flodden 1513 Ecomuseum)'은 1513년 9월 9일에 있었던 영국의 플로든 전투(Battle of Flodden)가 배경이 된, 스토리두잉의 장소성이 드러난 또 다른 예시다. 플로든 전투는 1513년 당시 객관적인 전력에서 우위를 점하던 제임스 4세(James IV)가 이끄는 3만 명의 스코틀랜드 군대가 서리 백작, 하워드(Thomas Howard: Earl of Surrey)가 이끄는 2만 명의 잉글랜드 군대에 맞서 싸우다가

참패한 전투로, 스코틀랜드 국왕 제임스 4세는 이 싸움에서 전사했다. 현재까지 수많은 전설과 문학작품으로 남아 있는 사건이다. 이 역사적 스토리가 유독 영국인들의 기억 속에 남아 있는 이유는 영국 역사에서 국왕이 전사한 마지막 전투라는 점도 있지만, 약 1만 2,000명의 스코틀랜드 군과 1,500여 명의 잉글랜드 군의 목숨을 앗아간 비극적 스토리가 뚜렷한 장소로 실재한다는 까닭도 있다.

역사적 의미를 기념하고 되찾기 위해 2008년, 스코틀랜드와 잉글랜드의 접경지인 북부 노섬벌랜드(Northumberland)의 주민들이 나섰다. 그들은 5년 후 2013년에 500주년을 맞이하는 플로든 전투를 기리기 위해 토론회를 가졌는데, 이것이 발단이 되어 '플로든 1513 에코뮤지엄'이 설립되었다. 플로든 1513 에코뮤지엄은 장소에 남겨진 역사문화자원과 스토리에 당시의 모습을 보존하고 있는 자연자원이 더해져 그만의 장소성이 더욱 구체화되었다. 중요한 사실은 플로든 1513 에코뮤지엄 역시 지역 주민의 자발적 참여를 통해 장소의 스토리를 강화하고, 그곳을 방문한 스토리 수용자에게 만족을 줄 수 있었다는 점이다. 장소가 가미된 스토리는 화석화된 과거의 스토리가 아니라, 오늘날에도 여전히 살아 숨 쉬는 역사자원이 될 수 있었다.

이는 앞서 스토리두잉 가치 실현의 예로 설명했던 에듀테인먼트 분야에서도 마찬가지다. 에듀테인먼트 개념이 생겨나기 이전의 물리적 공간은 오롯이 일방적인 전달만을 위한 것이었다. 일상에서 교육이 치열하게 이루어지기도 했지만, 그것은 삶의 지혜와 생활의 노하우를 단순히 전달하는 것과 다를 바가 없었다. 그러나 우리는 이제 스토리두잉을 통해 일상적인 공간이나 다른 여타의 공간에서도 본격적인 체험이 가능한 시대에 살고 있다. 스토리두잉은 흥미로운 스토리와 다양한 미디어를 활용해 일상의 장소나 특별한 장소까지 교육 체험의 장소로 활용한다.

전시 공간 역시 스토리두잉의 경험이 창조적으로 발휘되어 발생하는 대표적인 예라고 할 수 있다. 최근의 전시기법을 봐도 변화가 감지된다. 과거의 스토리텔링은 단순히 눈으로 보는 게 전부였다. 여기서 전시 내용과 정보를 심층 있게 이해하고 몰입할 수 있는 구술적 스토리텔링으로, 그리고 한 발 더 나아가 전시를 감정적·정서적으로 느끼고 체험할 수 있는 경험적 스토리두잉으로 발전해왔다. 현대의 전시는 주제와 메시지를 전달하는 것이 아니라 관람객들이 새로운 체험, 감동, 일탈, 깨달음, 즐거움, 기억, 실행이라는 행위를 통해 자각적인 학습과 해석을 하게끔 한다. 이는 전시 콘텐츠를 두고 스토리 화자와 청자가 대면하는 방식과 소통의 방식을 바꾼다는 점에서 특별하다. 제3의 매체 공간에서 이루어졌던 디지털 스토리텔링의 특징인 비선형성과 상호작용성이 현실 장소에서 복합적으로 이루어진다고도 할 수 있다.

스토리에서 장소의 정체성이 중요해지는 과정은 스토리두잉이 스토리를 통해 의미를 자아내는 과정과 동일하다. 스토리를 이해하는 '나'와 직접적인 연관성을 지닐 때에만 돈독해진다. 스토리를 구성하는 시간과 장소 중에 시간은 모두에게 공평하지만, 장소는 그렇지 않은 것이기도 하다. 스토리텔링이 단지 사람들로 하여금 흥미를 불러일으키는 것을 떠나 구체적인 장소를 통해 스토리 수용자와 상호작용하게 됨으로써, 앞서 디지털 스토리텔링이 이루었던 스토리의 상호작용이 디지털 세계 바깥에서 이루어지는 것이다.

감각에서 경험으로: 수동적 수용에서 능동적 행위로의 전환

스토리텔링의 가치와 의미를 강조하고, 스토리와 결부된 직접적인 장소성에 관심을 두는 스토리두잉은 그 용어가 광고계에서 처음 사용되었다. 20년 넘게 광고계에 몸담고 있던 몬태규는 어느 날 갑자기 광고인으로서 광고를 넘어선 광고, 즉 스토리를 행하는 '스토리두어(Storydoer)'가 되겠다며 회사를 박차고 나왔다. 그가 그렇게 했던 까닭은 군이 전통적인 광고를 하지 않고도 성공하는 몇몇 회사가 있음을 일찌감치 간파했기 때문이었다. 몬태규는 이들 회사의 마케팅 방식을 연구한 결과 그들에게는 명확한 스토리가 있고, 그동안 우리가 스토리텔링 개념으로 이해해왔던 스토리를 그들은 말이 아닌 행동으로 직접 보여준다는 사실을 깨달았다. 그리고 그는 이와 같은 마케팅 방식을 일컬어 '스토리두잉'이라고 이름 지었다.

스토리두잉에서의 '두잉'은 우리말로 '실행한다', 즉 '행위(실현)'로 정의할 수 있다. 그리고 스토리텔링과 스토리두잉 두 단어에 모두 포함돼 있는 현재진행형(-ing)의 의미는 이 개념이 고정된 것이 아니라 계속 변화하는 것임을 의미한다. 물론 같은 진행형의 표현이라도 둘은 차이가 있다. 스토리텔링은 이야기를 다양한 방식에 의해, 어떤 입장과 방식을 통하든 전달(Tell)하는 데 집중했기에 스토리를 듣는 이와 아무 상관없는 것으로 여겼다.

반면에 몬태규는 그와 구별되는 스토리두잉의 특성을 힘주어 말한다. "기존의 광고가 스토리텔링에 머물러 있다면 스토리두잉은 스토리, 즉 이야기를 광고뿐 아니라 제품, 직원에 대한 보상, 이벤트 등 모든 회사의 활동을 통해 직접 실현하는 것을 목표로 한다"는 것이다. 스토리텔링은 스토리에 내포된 의미와 메시지를 현재진행형으로 전달하기 때문

에 가변적이고 개방적인 것이 될 수 있었지만, 광고 소비자에게 다가가는 결정적인 것이 될 수는 없었다. 하지만 스토리두잉은 똑같이 가변적이지만 더욱 느릴 수 있다. 그리고 비록 느릴지라도 훨씬 직접적이고 친밀하기 때문에 미치는 효과가 클 수밖에 없다.

스토리두잉은 직접적인 경험을 통해 스토리텔링의 한계를 불식한다. 비록 스토리두잉이 선사하는 경험 또한 기본적으로 감각과 인지로부터 출발하고, 인간의 오감 중 시각과 청각은 스토리텔링 시기부터 과거 인간이 느껴온 가장 일반적인 감각이자 현대의 스토리텔링에서도 빠지지 않는 감각이지만, 스토리두잉은 시청각적 지각에 머물지 않는다. 직접적이고 능동적인 시각 인지로부터 출발해 후각·미각·촉각 등의 수동적인 감각에 이르기까지, 오감 전체가 스토리두잉이 선사하는 개인의 경험을 복합적으로 동원한다. 다양한 감각이 선사하는 경험은 감각과 인지에 그치지 않고, 그로부터 발생하는 감정과 생각들 혹은 개념화, 상징화, 추상화와 같은 사고 과정에까지 이른다. 가상의 이야기이자 허구라고 여겨왔던 스토리가 수용자에게 현실 속 실체로 완성되는 순간이다.

이와 같은 경험은 각 개인의 의식 속에 남아, 훗날 실제 삶을 인식하고 구성하는 데까지 영향을 끼친다. 그렇게 해서 여러 사람들의 삶을 통해 구성된 경험의 총체는 결국 사회의 모든 양식을 포괄해 각자의 경험이 전체 사회의 중요한 자산으로 발전하게끔 한다. 과거 인류 사회에서 전통적으로 연장자들을 존중하고 그들을 대하는 특별한 예의와 격식이 존재해왔던 것은 풍부한 경험에 대한 존중과 같았다. 한편 새로운 경험은 중요한 자산이지만, 그것이 내포하는 수동적인 특성 때문에 쉽게 주어지지 않는 것이기도 했다.

스토리두잉의 감각적 경험을 활용한 체험 사례로, 미국과 일본의 유니버설 스튜디오에 조성된 '해리포터의 마법 세계(Wizarding World of Harry Potter)'와 영국 런던에 위치한 워너브러더스 스튜디오 투어 런던의 '해리포터 체험관'(Warner Bros. Studio Tour London – The Making of Harry Potter)이 있다. 이곳을 찾는 관광객들은 "마치 해리포터 영화의 주인공이 된 듯하다"고 하며, 높은 가격과 긴 대기시간에도 아랑곳하지 않고 즐거워한다.

해리포터 체험관의 사례는 애초에 '해리포터'라는 스토리 원형이 지닌 힘을 보여주는 데 그치지 않는다. 원작자인 롤링(Joan Rowling)의 소설과 영화의 제작과정과 관련된 콘

영국 런던의 해리포터 체험관

텐츠들을 투어 형식을 빌려 영화의 스토리를 충실하게 구현해 보여주고 있다. 거기에 영화를 단순히 소재로 사용하여 관람하게 하는 것이 아니라 영화 속 장면을 직접 체험하도록 유도하는 것이 테마파크의 목적이다. "영화를 탄다(Ride a movie)!"는 테마를 모토로 스토리를 오감으로 느끼고 소비하게 하며, 구체적인 체험을 완성하는 것이다. 런던 해리포터 스튜디오는 영화 해리포터 제작진이 사용하고 보관하던 소품들을 한데 모아놓았기 때문에 실제 해리포터 세계에 들어와 있는 것처럼 느낄 수 있는 곳이다. 해리포터가 살던 집부터 호그와트 마법학교 기차역과 상점 등을 재현해놓고 기념

해리포터 체험관 내부

품 숍에서는 마법지팡이와 여러 맛이 나는 젤리, 개구리 모양의 초콜릿 등 관련 상품을 구매할 수 있고, 카페에서는 호박주스와 버터맥주를 맛볼 수 있다. 그리고 영화 속의 장면을 체험하게 하고 영화 속에 자신의 모습을 담아 사진이나 영상물로 만들어주며 특별한 경험을 제공한다. 해리포터 체험관에서는 몇 가지 놀이기구로 체험을 대체하지 않고, 주변 공간이 해리포터 테마로 채워져 이곳에서 스토리 체험자들은 온전한 스토리두어가 된다.

오감의 경험을 일깨워 의식에 심는 방식은 아무것도 없는 상태로부터 시작되지 않는다. 무의식 속에 억압된 경험의 실체를 끄집어내는 것으로부터 출발한다. 해리포터 테마파크가 스토리두잉 콘텐츠로 성공할 수 있었던 까닭은 '해리포터'라는 콘텐츠가 이미 그것을 익숙하게 소비한 개인들의 의식 속에 거대하게 자리하고, 해리포터의 이야기를 따라 행동하게 하는 충성도 높은 세계관이 있었기 때문이다.

물론 반드시 해리포터처럼 거대한 성공을 거둔 스토리만이 의식을 지배하고 무의식에 스며드는 것은 아니다. 한 개인의 잠재의식 속에는 크고 작은 무의식이 수없이 많이 작동하고 있다. 이는 당사자가 어릴 때부터 쌓아온 의식적인 경험이 무의식 안에 저장되어 그 사람의 생각·감정·행동에 영향을 주는 것이기도 하고, 옛 조상들이 경험했던 의식들이 누적되어 형성된 무의식이 후손에게 유전된 집단 무의식일 수도 있다. 다양한 무의식은 평상시에는 의식과 격리돼 있어 겉으로 드러나는 것이 제한돼 있지만, 특정한 순간에는 의식보다 더욱 결정적으로 행동에 영향을 미치기도 한다. 스토리두잉은 그 원천 스토리가 무엇이든지 의식에 관여하고, 두잉의 경험을 통해 무의식에까지 영향을 미침으로써 기존 스토리텔링이 기대하지 못했던 부분에까지 그 효과를 누리게 한다.

스토리두잉이 선사하는 경험은 '놀이'와 '오락'이라는 두 단어를 의미적으로 구별할 때 보다 명확히 그 개념을 이해할 수 있다. 놀이와 오락은 비슷한 의미와 쓰임새를 지닌 것 같지만 좀 다르다. 상대적으로 놀이는 능동적인 것, 오락은 수동적인 것으로 구분할 수 있다. 예를 들어 어린아이들이 텔레비전 오락프로그램을 시청하는 행위는 수동적일 수밖에 없지만, 놀이는 설사 그것이 강요에 의한 것이라고 할지라도 아이들의 직접적인 참여가 반드시 뒤따라야 하는 능동적인 행위다.

놀이의 능동적인 면은 그것이 단지 여흥에 그치는 것이 아니라 참여자가 스토리를 학습하는 원동력이 되게 하며, 놀이의 참여가 증가함에 따라 참여자의 스토리에 대한 소유권도 증가하면서 새로운 생각과 혁신, 학습의 기회 등을 제공

받게 해준다. 즉 스토리두잉 에듀테인먼트를 통한 교육 콘텐츠는 학생들이 스스로 참여하는 능동적인 학습이 이루어지도록 기능한다고 할 수 있으며, 전달자와 학습자의 상호작용을 하나의 이야기로 엮어줌으로써 다양한 의미를 터득하고 확장된 학습 효과를 기대할 수 있는 중요한 매개체가 된다고 할 수 있다.

미래시대의 트렌드를 예언하고 규정하는 학자, 리프킨 (Jeremy Rifkin)은 오늘날을 '공감의 시대'로 규정한다. "남의 감정, 의견, 주장에 대하여 스스로도 똑같이 느낀다"는 의미의 공감(共感)은 단순히 그 대상만이 아니라 다른 사람의 존재를 긍정하는 것이고, 그들의 인생에 대한 예찬이라는 것이다. 여기서의 '인생'은 '스토리'라고도 이해할 수 있다.

공감의 순간은 결코 스토리만으로 이루어질 수 없는 경험의 순간이다. 이를 일찌감치 파악한 마케팅 분야 전문가들은 소비자의 관여도를 높이고, 브랜드와 고객 간의 감성적인 관계 및 공감의 관계를 창출하기 위해 '서사 마케팅(Narrative Marketing)'을 시작한다. 서사 마케팅의 목적은 제품을 구매하라고 직접적으로 설득하는 것이 아니라, 고객으로 하여금 제품의 스토리 속에 빠져들게 하여 깊은 공감을 불러일으키는 것이다. 이는 수요를 촉진하는 것이 아니라 현실의 이야기를 통해 구매행위를 포함한 총체적인 스토리를 제공하는 것으로써, 이를 바탕으로 디지털 스토리텔링의 상호작용성을 수용자의 경험과 연관시켜 공감하게 하는 '인터랙티브 광고'를 펼치기도 한다.

필립스의 면도기 브랜드 '센소터치'는 2010년 인터랙티브 광고를 선보인 바 있다. 소비자가 온라인상에서 자신의 사진과 핸드폰 번호를 입력하면, 남녀 성별에 따라 다른 일인칭 시점의 소셜무비가 만들어진다. 센소터치 소셜무비는 스토리 수용자의 사진 업로드, 전화 통화를 통한 스토리 개입 및 선택 이외의 적극적인 인터랙티브 환경이 제시되지는 않는다. 그러나 참여자 성별에 맞는 스토리를 구분하여 제공하고, 각자가 만족할 만한 스토리라인 안에서 수용자의 정보를 적재적소의 요소로 사용함으로써 몰입감을 증대하고 충분한 흥미유발 요소로 사용한다.

사이트 방문을 통한 일인칭 시점의 소셜무비 가운데 '보해 월(月) 소주'의 마케팅이 큰 인기를 끌기도 하였다. 2012년에 진행된 해당 광고는 앞의 사례처럼 사이트 방문을 통해서도 이루어지지만, 전화 통화로도 가능하다. 사용자가 인쇄광고에 나와 있는 전화번호로 직접 전화를 걸면 시간대별로 다른 내용으로 광고모델과 통화를 할 수 있다. 통화가 끝난 뒤에는 문자로 사이트 주소가 전달된다. "여기로 오라"는 메시지와 함께. 이 광고의 스토리는 일인칭 시점으로, 남녀 구분이 모호한 친구로 설정된 장면이 연출된다. 사이트에 접속하면 음악을 선택·변경할 수 있고, 낙서벽에 글을 남기거나 다른 사용자의 낙서를 읽을 수도 있으며, 무료로 타로점을 볼 수도 있다. 이 같은 요소는 마치 실제 공간에서 상호작용을 하는 듯한 아날로그적 인터랙션이 일어나게 한다. 보해의 광고는 보다 발전된 형태로 주목을 받았다.

대단한 인터랙티브가 아니더라도 소비자 경험의 중요성을 인식하고, 이를 마케팅의 수단으로 활용하는 소소한 방식들이 존재하기도 한다. 큰 인기를 끌었던 '컬러링 북'은 검은 선을 이용한 세밀한 밑그림에 직접 색을 칠해 그림을 완성하는, 일종의 색칠놀이 책이다. 마치 어린아이들의 전유물일 것 같던 이 책이 성인들에게 큰 인기를 끌었던 이유는 모든 정보와 감각의 노출이 포화 상태에 이르러 무감각해지기까지 한 현 시대에 직접적인 '손'의 참여를 강화하는 것이 소비자에게 색다른 경험을 선사했기 때문이다.

근래에는 소셜네트워크서비스(SNS)의 매체성을 활용한 예도 많다. 최근 어린이 완구제품이나 다양한 제품군 마케팅의 트렌드로 자리 잡고 있는 '언박싱(Unboxing)'이 그러한 예들 중 하나다. '상자에서 꺼내는 것'을 의미하는 언박싱은 각종 제품이나 기기들을 남들보다 빨리 구입해서 사용해야 직성이 풀리는 얼리어답터 구매자들이 새 제품을 개봉하는 순간을 순차적으로 촬영하거나 동영상으로 녹화한 후, 이를 '개봉기'라는 후기와 함께 게시하는 방식으로 처음 시작되었다. 별것도 아닌 아주 일상적이고 구체적인 과정임에도 사람들은 이를 지켜봄으로써 마치 자신이 직접 해당 제품을 개봉하는 것과 같은 대리만족을 느꼈고, 이후 유아나 아동을 위한 장난감의 언박싱 동영상이 제품 매출과 직결되면서 '언박싱 마케팅'이라는 방식까지 생겨나게 되었다.

2014년 SNS를 통해 급격히 퍼져나가 하나의 유행이 되었던 '아이스 버킷 챌린지(Ice Bucket Challenge)'는 그것의 참여적인 특성과 확장성 덕에 이후 여러 마케팅 방식으로 활용되었다. 아이스 버킷 챌린지는 루게릭병(근위축성 측색 경화증)에 대한 사회적 관심을 환기하고 기부를 활성화하기 위해 시작된 사회운동으로, 한 사람이 머리에 얼음물을 뒤집어쓰는 도전을 실행하고 인증한 뒤 다른 사람의 도전을 지목하는 방식으로 퍼져나갔다. 그 뒤 이러한 운동에서 착안한 여러 가지 브랜드 마케팅이 국내외에서 시도되었다.

2016년, 국내의 매일유업은 '우유 원샷 릴레이' 캠페인을 펼쳤다. 우유를 원샷한 사람이 SNS를 통해 다음 사람을 지목하는 방식으로 이루어졌는데, 기업은 참가한 사람의 수만큼 우유가 필요한 어린이들에게 일주일 치 우유를 기부하겠다고 밝혔다. 약 한 달간 진행된 이 캠페인에 참여한 사람은

3,500여 명이었고, 기부된 우유의 누적 수량은 2만 4,000여 개가 넘어섰다. 이 기간 동안에만 제품 판매율은 무려 30퍼센트나 증가했다고 한다. 소비자 입장에서는 단지 메시지나 스토리를 일방적으로 전달받기보다는 직접적으로 실천하게 하는 기업에 보다 강한 신뢰를 느끼고, 참여 과정에서 브랜드에 대한 높은 애착과 선호도를 형성함을 증명한 셈이다.

놀이와 오락의 의미 구별이나 소비자의 공감과 경험을 유도하는 마케팅 사례들은 우리가 결국 무엇인가를 배우고 학습하는 가장 좋은 방법이 '경험'임을 알게 해준다. 직접 체험해보고 겪어보는 것만큼 우리가 효율적으로 정보와 지식을 습득하는 방법은 없다. 오감(보고, 듣고, 말하고, 만지고, 냄새 맡는 것)을 활용하는 체험 학습이 주입식 교육보다 효과가 더 뛰어나고 학생들에게 산교육이 된다는 말에 토를 달 사람은 아무도 없을 것이다. 비단 아이들이나 학생들을 대상으로 한 교육 분야에만 한정된 이야기는 아니다. 스토리두잉이 경험을 강조하고, 경험에 집중하는 방식은 21세기의 스토리가 살아남는 법을 보여주고 있다.

스토리의 실현: 스토리두잉은
어떻게 만들어지는가

스토리두잉이 이루어지는 방식이나 법칙은 앞서 설명한 스토리두잉의 특징들이 고루 반영되는 형태로 이루어진다. 스토리두잉의 내부적 장소성과 경험의 중시는 스토리 수용자의 정체성 형성에 영향을 미치고, 스토리두잉의 가치와 경험 추구는 스토리 가치의 공유로 이어지며, 스토리두잉의 가치와 장소성은 스토리 가치의 지역이나 장소로의 환원 및 그것의 확장을 이끄는 식이다.

스토리두잉: '남의 이야기'를 '나의 이야기'로 만들다

스토리 수용자가 스토리 배경이 되는 장소에 밀접하게 연관되고 스토리를 수행함으로써 직접 참여하게 되는 방식은 스토리의 주체를 확연하게 바꾼다. 스토리텔링을 통해 스토리가 인식되던 과거 시절에는 설사 스토리가 매우 흥미롭거나 그만의 좋은 가치를 품고 있어도 남의 이야기처럼 여겨지거나, 스토리 독자와 청자로 하여금 언제나 자신을 스토리 손님으로 인식하게 하였다. 하지만 스토리두잉은 스토리의 참여자가 스토리와의 대화에 적극적으로 참여하는 'DIY(Do It Yourself)형'의 방식으로 이루어져 독자와 청자로 하여금 스스로 스토리의 주인공이 되게 한다. 수용자가 직접 스토리두잉의 주인공인 스토리두어가 되어 스토리의 적극적인 주체로서 경험하는 스토리의 형태는 마치 '사건적 지식(Episodic Knowledge)'과도 같다.

사건적 지식이란, 캐나다 신경과학자 털빙(Endel Tulving)이 구분한 지식의 형태 중 하나다. 왜 우리가 우리 자신과 연관된 스토리에 매료될 수밖에 없는지, 스토리가 수용자에 맞춰 체화되는 방식을 이해하게 해준다. 털빙은 인간이 장기기억으로서 뇌에 저장해두었다가 유사시 끄집어내어 사용하는 지식의 형태를 구분하였다. 이 구분법에 따르면 지식은 크게

'서술적 지식(Declarative Knowledge)'과 '절차적 지식(Procedural Knowledge)'으로 분류되고, 서술적 지식은 다시 '의미적 지식(Semantic Knowledge)'과 '사건적 지식'으로 나눠진다.

여기서 서술적 지식이라 함은 인간의 장기기억 속에 상시 내재되어 있는 전반적인 지식을 일컫는다. 반면에 절차적 지식은 특별한 경우에 끄집어내 사용하는 과업의 수행순서·사용방법 등에 대한 지식을 뜻한다. 서술적 지식의 하나인 의미적 지식은 뇌에 저장되는 개념으로서의 지식이고, 나머지하나인 사건적 지식은 일상생활에서 직접 경험하는 사건에 대한 지식으로서 마치 카메라의 스냅 샷처럼 구체적이고 묘사 가능한 지식이다. 우리가 스토리 또는 줄거리라고 부르는 지식은 털빙이 구분해놓은 사건적 지식의 대표적인 형태다. 사건적 지식은 기억에 자세히 남아 복잡한 현상이나 일을 알기 쉽게 이해하고 기억하거나 또는 다른 사람들에게 흥미 있게 설명하는 데 도움을 준다.

사람들은 보통 자신과 상관없는 일은 객관적이고 단편적인 사실로만 파악하면서, 자신이 직접 겪거나 관련된 일에 대해서는 논리보다는 자연스럽게 나 중심의 스토리로 받아들이는 경향이 있다. 이러한 사실에 입각하여 사건의 중심을 전환해 스토리를 더욱 효과적으로 전달하는 것이다. 비록 기획자나 작가 등 스토리 제공자에 의해 '만들어진 스토리'지만, 그것이 '나의 것'이 되는 순간 이는 단순히 '남의 이야기'가 아닌 '나의 이야기'가 된다. 이는 사건적 지식으로서 더 쉽고 오랫동안 기억되며, 스토리 경험자의 자기 이야기로서 정체성을 형성하게 된다.

과거 스토리텔링이 우리 삶에 개입하기 위해서는 기존의 스토리에 인위적인 텔링을 입히거나 그럴듯한 스토리를 만들어 활용하였다. 스토리텔링 개념을 설명할 때 즐겨 쓰였던 사례들 가운데 '양배추 인형(Cabbage Patch Kids)' 스토리가 있다. 양배추 인형은 미국의 피혁가공업 및 전자제품회사인 콜레코(COLECO)가 1978년에 만들어 대성공을 거둔 수제 인

양배추 인형

형으로, 비록 오래전 사례지만 우리에게 좋은 시사점을 준다. 보통 미국에서는 아이들이 "엄마, 난 어떻게 태어났어?"라고 물으면 "너는 양배추 밭에서 주워왔단다"라고 답하는데, '양배추 인형'이라는 이름은 여기서 유래하였다.

땅딸막하고 특별히 예쁘지도 않았던 이 인형은 크리스마스 시즌에는 동이 날 정도로 인기를 끌었다. 크리스마스 선물용으로 사려는 사람들이 많다 보니 장난감 가게는 사재기에 열을 올렸고, 인형을 서로 사겠다고 폭력사태가 일어나기도 하는 등 사회적 이슈로까지 번져나갔다. 물론 성공의 비결은 인형에 입힌 '스토리'였다. 콜레코는 소비자로 하여금 양배추 인형을 '구매'하는 것이 아니라 마치 '입양'한다는 기분이 들게끔 전략을 짰다. 예컨대 각각의 수제 인형은 하나하나가 모양이 다르고 친근할 뿐만 아니라, 판매 방식도 '베이비랜드 종합병원'이라는 건물에서 의사와 간호사 복장을 한 직원들이 증명서를 떼어주는 식이었다. 이런 방법으로 입양 스토리를 더욱 강화하였다.

하지만 스토리두잉이 스토리 향유자의 정체성을 새로 구성하고 강화하는 방식은 이 정도에서 만족하지 않는다. 굳이 스토리의 연결성이 높지 않더라도 만들어진 스토리만을 수용하는 것이 아닌, 이미 갖추어진 스토리를 바탕으로 향유자 스스로의 주체적이고 적극적인 행동을 유도하는 것이다. 이

〈포켓몬 고〉 실행 화면

를 테면 〈포켓몬 고(Pokémon GO)〉가 좋은 사례가 될 수 있다. 〈포켓몬 고〉는 게임개발사인 나이안틱랩스가 2016년 7월 5일(현지 시간) 호주·뉴질랜드에서 처음 출시한 위치기반 증강현실(AR, Augmented Reality) 모바일 게임으로 우리나라에서도 많은 사람들이 즐기고 있다. 증강현실은 현실에 가상의 디지털 콘텐츠를 중첩하는 기술이다. 사용자의 환경과 직접적으로 상호작용할 수 있는 것이 이 기술의 최대 장점이다.

〈포켓몬 고〉의 플레이 방법은 간단하다. 〈포켓몬 고〉 어플을 실행한 뒤 스마트폰을 들고 걸어 다니면 모바일 화면 속에 가상의 포켓몬이 출몰한다. 사용자가 스마트폰 카메라로 해당 장소를 비추면 현실 화면을 배경으로 가상의 포켓몬을 만날 수 있고, 몬스터 볼을 던져서 잡을 수도 있다. 가만히 앉아서 하는 것이 아닌 사용자가 실제로 움직이면서 포켓몬을 찾아다녀야 하고 '포켓스톱'이라는 현실 속 가상공간에 들러야 하기 때문에 기존 모바일 게임 플레이와는 전혀 다른 경험을 제공하게 된다. 〈포켓몬 고〉는 전 세계 수많은 이용자들을 집 밖 거리로 끌어내는 데 성공하였다.

미국 조사기관 센서 타워(Sensor Tower)가 앱스토어와 구글 플레이 수익을 더해 추산한 〈포켓몬 고〉의 매출은 출시 1개월간 2억 달러, 2개월간 4억 4,000만 달러(당시 4,867억 원 상당)에 달한다. 〈포켓몬 고〉가 성공한 가장 큰 요인은 포켓몬이 가진 세계관에 있다. 스토리가 지닌 원형의 힘과 기술의 융합이 가져온 상황의 힘이 성공의 일등공신이었다. 원천 스토리 전달 이후를 스토리만의 영역으로 남겨두지 않고, 스토리에 대한 참여자의 적극적인 두잉의 체험 방식까지 연계하여 성공적인 스토리두잉을 만들어낸 것이다.

GPS(Global Positioning System)로 사용자의 위치를 인식하고 카메라로 현실 세계 주변의 정보나 사물을 인식하여, 이를 포켓몬스터 세계와 융합한 〈포켓몬 고〉의 증강현실은 현실을 무대로 둔 덕에 스토리 참여자의 가상 정체성과 현실 정체성을 통합할 수 있었다. 이러한 통합은 과거 스토리텔링의 방식보다 스토리 수용자의 훨씬 적극적인 행동을 견인해냈고, 참여자와 스토리 간의 유대까지 한층 공고히 하였다. 〈포켓몬 고〉 사용자들은 가상공간에서 콘텐츠를 즐기면서도 현실에서 이를 사용하는 것과 같은 경험을 한다. 기존에는 현실에서 가상공간 안에 있는 가상의 스토리에 접속해야 했지만, 가상의 스토리가 현실로 튀어나오는 순간 현실로 확장된 가상의 공간에서 현실의 일상을 경험하게 되었다.

스토리두잉은 최첨단 기술이나 세계적으로 유명한 원천 스토리 없이 우리 주변의 소박한 스토리만으로도 스토리 정체성의 구축을 가능하게 한다. 대표적으로 우리나라 호남 지방 중앙부를 서류하는 만경강 일대에는 주목할 만한 스토리두잉 선례가 몇 가지 존재한다. 만경강 물길 주변의 스토리들을 최대한 발굴하고 이를 그만의 정체성으로 구축해낸 '옴서감서 쉼터' '춘포문학마당' '구 만경교'와 같은 곳들이 그러한 사례다.

전라북도 군산시 대야면 광교리는 지역의 역사와 자연이

조화로이 공존하는 곳이다. 풍요로운 호남평야 곡창지대를 형성한 만경강 곡류와 지류인 탑천이 만나 경관 전망이 우수하고 물고기들이 풍족해 방문객들이 많이 찾을 뿐만 아니라, 근대 수리시설인 입석갑문과 현대 수리시설인 배수갑문이 함께 들어서 있어 역사적 가치 또한 품고 있는 곳이다.

지금 이곳에는 지역 주민들과 방문객들이 오가다 쉬어가며, 지역의 스토리를 즐길 수 있는 쉼터가 마련돼 있다. '오며가며 쉬어간다'는 의미에서 '옴서감서'라는 이름을 붙였는데, 이는 '오며가며' '드나들다'라는 뜻을 지닌 이 지역 방언에서 따왔다. 전라도 사투리는 장소에 대한 지역의 정체성을 강화하고 친근감을 높이는 데 큰 효과가 있었다. 또한 쉼터 정자에는 이 지역 역사를 거슬러 올라가 백제시대에 그려진 물고기 그림을 반자(편평한 천장)와 바닥에 새겨 넣어 장소의 역사성을 환기하기도 하였다.

전라북도 익산시 춘포면 춘포리 만경강변에 조성된 춘포문학마당도 마찬가지 측면에서 시사하는 바가 있다. 익산은 과거 마한과 백제의 옛 도읍지로, 당시 역사유적들이 곳곳에 있을 뿐만 아니라 백제 시절의 국보급 유물이 곳곳에서 출토되어 지역 일대가 백제역사유적지구로 지정돼 있으며, 2015년에는 유네스코 세계유산에 등재되기도 하였다.

특히나 익산은 역사적으로 유명한 문인들이 많이 배출된

옴서감서 쉼터

곳이기도 하다. 조선시대 문신 곤암 소세량과 양곡 소세양, 근대의 시조시인 가람 이병기, 오늘날의 소설가 홍석영, 윤흥길, 박범신, 양귀자와 시인 정양 등 다른 곳에 비해 특히 이 지역을 기반으로 한 문인들이 많은 곳이기에, '문학'은 곧 이 지역의 스토리 정체성이 될 수 있었다. '지역에 이런 것이 있다'는 단순한 역사적 사실로서가 아니라 사람의 흔적이나 발자취가 남겨낸 '장소의 스토리를 직접 눈에 보이고 손에 잡히는 것으로 만들어낸다'는 측면에서 이곳에 조성된 춘포문학마당은 의미가 깊다. 이 과정은 만경강변 춘포의 스토리 정체성을 스토리두잉으로 '실현'해내는 일이었다. 춘포문학마당에는 익산과 춘포의 역사 및 문화적 가치를 설명하는 안내판, 윤흥길 작가가 직접 쓴 정자 춘포정의 현판, 문학을 상징하는 펜과 원고지를 형상화한 포토존, 익산과 만경강에 대한 이야기가 담긴 작가들의 문학비 등이 설치돼 있어, 이곳을 방문하는 지역민이나 외부인 모두에게 장소의 정체성을 각인시켜줄 뿐만 아니라 직접 체험하게끔 도와주고 있다.

마지막으로 구 만경교가 있다. 구 만경교는 익산시 목천동과 김제시 백구면을 연결해주었던 다리로, 지금은 교량의 역할을 대신하는 스토리두잉의 상징물이 되었다. 일제강점기, 당시 일제는 호남평야의 풍요로운 곡물을 수탈하기 위한 통로로 1928년 '만경교'를 준공하였다. 만경교는 만경강

춘포문학마당

구 만경교

의 큰 포구였던 목천포를 잇는 다리라고 하여 '목천포 다리'라고도 불렸다. 이후 만경교로 계속 불리다가 1990년에 그 옆에 새로운 다리가 놓이면서 구 만경교로 불리기에 이르렀다. 사실 구 만경교는 오늘날 강을 건너는 다리로서의 기능을 더 이상 하지 못할 정도로 낡았기에 안전문제를 고려했을 때 철거하는 게 옳았지만, 사람들은 이 다리에 고이 새겨진 역사와 스토리를 간직하고 싶어 했다.

무엇보다 만경교는 기나긴 시간 동안 마을 주민의 교류 통로가 되었던 지역의 역사와 추억을 간직한 장소였으며, 이 지역에 있는 춘포초등학교에서 교사로 재직할 때 첫 소설을 집필한 윤흥길 작가의 소설『기억 속의 들꽃』등 문학작품의 배경이 되기도 한 장소였다. 그에 따라 구 만경교는 철거 대신 교량의 일부를 존치하는 방향으로 의견이 모아졌다. 지금 이곳엔 전망 데크 및 이야기 안내판, 메모리스크린 안내판 등이 설치되어, 남아 있는 교량의 모습과 함께 구 만경교의 역사와 스토리를 보존하고 기릴 수 있게 되었다.

스토리두잉이 수행돼 특별한 정체성을 부여하고 강화하는 방식은 결코 기술의 유무, 장소, 스토리의 종류 등을 가리지 않는다. 우리 주변의 무엇이든 스토리의 대상이 될 수 있었던 것처럼 어떤 스토리든 스토리두잉의 대상이 될 수 있으며, 스토리두잉을 통해 체험한 각자의 기억, 감정, 의식은 마치 사건적 지식처럼 자기 자신의 스토리로 더욱 강하게 연결될 수 있다.

지속 가능한, 함께 나누는 가치로의 발전

스토리두잉의 가치 중심적인 사고와 경험 및 체험을 중시하는 방식은 스토리의 해당 가치가 스토리 수용자에게만 머물러 있는 것이 아니라 다른 이에게로의 공유로 이어져, 스토리가 본래 가졌던 힘 이상으로 발휘하게 하는 기폭제가 된다. 말하자면 스토리두잉의 '경험'과 '행동'은 매우 직접적이고 실천적인 커뮤니케이션 방식이어서 단지 한 번 겪고 마는 단편적인 경험으로 끝나지 않는다. 그보다는 '의미 있는 즐거움' '함께 나눌 수 있는 즐거움'이라는 보다 고차원적인 가치로 연계되어 더욱 오래도록 가치를 지속할 수 있다는 것이다.

일례로 '건강한 패스트푸드(The Healthy Fast Food)'라는 다소 모순된 캐치프레이즈를 내걸어 성공한 치폴레 멕시칸 그릴(Chipotle Mexican Grill)을 들 수 있다. 똑같은 패스트푸드의 맛과 즐거움이라도 보다 의미와 가치가 있는 건강한 즐거움이 고차원적인 형태의 기대와 욕구로서 더욱 높은 설득력과 가치를 지니고 있음을 치폴레의 슬로건이 간파하고 있는 것이다.

또한, 스토리의 가치와 의미를 지역과 공유한다는 점에서 1956년 대전에서 창업해 60년 넘게 대를 이어가며 운영하고 있는 국내의 빵집 성심당 역시 주목할 만한 사례다. 1950년 한국전쟁 당시 피난민으로 대전에 정착한 성심당 창업주는, 당시 성당 신부에게 미군 밀가루 2포대를 지원받아 대전역 앞에서 찐빵집을 열었다. 모두가 어려웠던 시절이었지만 성심당은 가톨릭의 나눔정신을 기반으로 지역의 굶는 사람들과 찐빵을 나눴고 성당에 나가 봉사에 앞장섰다. 장사하고 남은 빵을 나누는 게 아니라 하루에 찐빵 300개를 만들면 100개 정도를 따로 정해 나눔에 사용하는 식이었다. 오늘날 성심당은 빵집 세 곳과 외식 매장 네 곳을 운영하며 직원 400여 명을 고용하고 튀김소보로빵을 하루 1만 개 이상 파는 건실한 기업이 되었지만, 여전히 매월 3,000만 원 상당의 빵을 지역의 양로원과 고아원에 보내는 등 지역민과 빵을 나누는 전통은 계속해서 이어지고 있다.

대전을 떠올리는 가요의 이름을 차용한 떡 '대전부르스', 대전의 산 이름이 들어간 '보문산 메아리', 지난 세월의 흔적이 재미있게 스며든 '판타롱부추빵', 호기심을 자극하는 '튀김소보로' 등 듣기만 해도 유쾌하고 친근한 스토리가 담겨

대전 성심당

있을 것만 같은 빵 이름도 성심당 브랜드가 소비자와의 거리를 좁히는 방식이다. 성심당의 성공과 인기는 이미 전국적이지만 이곳은 여전히 대전에 가야만 만날 수 있는 빵집이기도 하다. 어디에서나 볼 수 있는 프랜차이즈도 아니고, 하다못해 서울에 입점한 지점도 하나 없다. 중국 진출 요청도 고심 끝에 거부한 채 성심당은 대전을 벗어나지 않기로 했다. '대전을 대표하는 기업'으로 외부인에게 지역을 홍보하고, 지역사회에 환원하는 일에 자부심과 책임감을 느끼며 지역민이 사랑하고 자랑할 수 있는 기업을 만들어가고 있다.

성심당은 창업 50주년을 1년 앞둔 지난 2005년 공장 대화재로 큰 위기를 맞고도 직원들이 스스로 힘을 모으고 노력하여 6일 만에 다시 빵을 굽고 재기했다. 그와 같은 성심당의 재기와 성공은 지역과 늘 함께하는 브랜드의 노력과 스토리, 그리고 사랑과 나눔의 문화를 실제적인 가치로서 실천해왔던 것이 큰 동력이었다. 단순히 빵을 만들고 판매하는 역할을 넘어 지역 고유의 가치를 만들어가고, 이를 지역 주민과 함께 공유하는 성심당의 선례는 스토리의 가치가 비단 일차적인 경험에 그치는 것이 아니라 그 영향을 무한히 확장해나갈 수 있음을 보여준다.

스토리 가치의 전파는 매체의 발달을 통해 바라본 스토리텔링의 발전사를 떠올리게 하지만 그것과는 또 다르다. 스토리 생산자가 스토리의 가치를 일방적으로 만들고 전파하는 것이 아니라 수용자가 마땅히 함께 영위할 수 있을 만한 공통의 경험과 가치를 나누고 실현해 자연스럽게 스토리에 동참하게 하는 것이다. 이 같은 가치 공유를 통해서 스토리는, 그것의 최초 목적이었던 브랜드나 제품 영역에만 한정되지 않고 지역과 사회, 인물·예술·자연·문화 전반에 이르기까지 자기 영향력을 발휘할 수 있게 된다.

그렇다고 해서 스토리의 외부 가치만 맹목적으로 추구하여 원천 스토리가 간과되어서는 안 된다. 스토리텔링과 두잉에 있어 가장 중요한 것은 여전히 원천 스토리이며, 효과적인 스토리두잉의 힘 또한 '스토리' 그 자체에서 발생하기 때문이다. 아무리 미디어가 다양하게 발달하고 기술이 최첨단으로 지원되어도, 또는 두잉의 적극적 실천을 위해 여러 가지 방법이 동원된다고 해도 스토리텔링과 스토리두잉에 있어서의 스토리의 비중이 줄어들거나 약화되지는 않는다. 스토리텔링의 역사로 훑었던 고대 아리스토텔레스 시절 이래로 끊임없이 언급돼온 순수한 허구로서의 스토리일지라도 그것은 개인에게 또 사회적으로나 인류에게 크나큰 영향력을 미쳐왔고, 또 앞으로도 그럴 것이다.

스토리두잉의 가치가 공유되고 전파되는 방식은 그것이 구체적인 장소와 연결되면서 더욱 널리 확장된다. 공유되고 확장되는 좋은 스토리에는 그 시작점이나 한계가 없다. 어느 날 갑자기 남다른 텔링이 만들어지거나 새로운 스토리가 인위적으로 생겨나는 것이 아니기에, 태초의 스토리에 가치와 맥락이 자연스럽게 깃드는 과정 자체가 중요하다. 예를 들어 흔히 지역의 스토리는 자연환경이 수려한 곳에 자연스레 사람들이 모이고, 사람이 모인 곳에 역사가 깃드는 식으로 형성되고 발전한다. 바꾸어 말하면 그만의 장소성을 갖춘 곳에 많은 사람들이 모이고, 여러 사람들이 모인 곳에 특색 있는 스토리가 생겨날 가능성이 높다는 것이다. 그리고 장소를 통해 현재를 살아가는 사람들과 스토리가 만나고, 그 스토리가 공유될 만한 가치로 확장하며 스토리두잉은 실현된다. 주민이 주도하여 지역 스토리 사업에 힘써온 경기도 남양주시 조안면이 대표적인 사례가 될 수 있다.

남양주 조안면은 수도권 유일의 슬로시티로 지정된 도시로, 지역이 지닌 정체성과 스토리의 가치가 높은 곳이다. 2010년경부터 중앙정부와 지자체 그리고 전문가 그룹이 주민들과 함께 스토리를 발굴해 스토리두잉을 실천해나갔고, 성숙기에 이르러서는 스토리두잉을 주민 주도적으로 진행하고 있어 그 의미와 가치가 더욱 크다. 남양주시 조안면은 상수원보호구역과 개발제한구역이 겹치는 곳으로 주민생활에 어려움이 많은 곳이지만 그러한 규제 덕분에 청정지역인 곳이기도 하다. 북한강과 남한강의 두 강줄기가 만나 한강으로 합해지는 곳으로 수려한 자연환경을 자랑하고 다산 유적지와 한음 이덕형의 별서터, 세조의 이야기가 깃든 수종사를 비롯한 역사적으로도 많은 스토리가 남아 있는 곳이다. 조안면의 민관 협의체는 천혜의 자연과 역사 이야기를 잘 아우르고 개발 제한으로 어려운 유휴(遊休)공간을 잘 활용하기 위해 노력해왔다. 과거 기차역이었으나 이제는 폐역사가 된 능내역을 지역 주민들의 과거 이야기를 엮어 추억이 담긴 문화쉼터로 재활용하거나, 북한강 자전거길이 지나가는 황량한 들판을 북한강 '물의 정원'이라 명명하고 청정자연과 공간에 남아 있는 역사의 흔적을 공유하는 가치를 덧입혔다.

능내역은 남양주시 조안면 능내리에 위치한 폐역이 된 유휴 공간을 활성화한 지역재생 사례이다. 1956년 남양주 중앙선의 간이역으로 시작하여 2008년 폐역이 되기까지 능내역은 만남과 추억이 담긴 공간이었다. 2012년 지역의 이야기 자원으로 40~50년 전의 주민들의 사진을 발굴 재구성했다. 능내리에서 나고 자란 실제 인물인 동네 이장을 모델로 가상인물인 '남양 주씨'를 설정하고 '행복行 추억 기차, 여기는 능내역입니다'라는 콘셉트로 스토리텔링을 구성했다. 그 덕분에 남양 주씨에게 만이 아니라 이곳의 방문객에게 능내역은 놀이터이자 세상, 어머니의 도시락과 아련한 첫사랑을 떠올리게 하는 추억의 존재가 된다. 능내역 주변에는 또한 옛 사진 안에 담긴 역 근처의 흔적들을 복원하고 이용객들의 사연을 넣는 우체통을 설치하고 교복을 대여하여, 직접 방문자들이 추억의 공간을 체험하며 사진을 찍을 수 있는 사진관을 운영하고 있다. 능내역은 지역의 명소로 거듭나 남한강 자전거길의 대표쉼터로 방문객들에게는 추억을 그리고 지역민에게는 수익을 창출하는 장소로 자리 잡았다.

능내역(폐역사)

또한, 4대강 정비로 생긴 진중지구를 생태와 지역문화가 함께 어우러질 수 있는 공간으로 재구성한 물의 정원이 있다. 뱃나들이들로 불렸던 옛 지명을 다리 이름으로 사용하고 자연과 소통하며 마음을 정화시키고 몸을 치유하는 물의 정원은 지역의 이야기와 유래가 있는 테마 공원이다. 자연생태 자원과 볼거리와 즐길 거리가 있는 곳으로 수생식물과 제철 야생화를 조성하여 자연이 건네는 색다른 매력을 계절마다 느낄 수 있다. 물의 정원은 다산 정약용이 한강을 뜻하는 열초(洌樵)라는 필명을 사용하여 이 지역을 유람하며 그린 「열상산수도(洌上山水圖)」와 세조와 수종사의 전해지는 이야기를 연계하여 역사를 느끼며 자연과 소통하고 체험할 수 있게 하였다. 또한 지역주민이 물의 정원을 가꾸고 전통혼례 시현을 하며 이야기 해설사로 활동을 하는 등 체험활동에 적극적으로 참여하는 곳이다. 이곳의 활동은 물의 정원과 연결된 물길 축을 따라 마음정원, 들꽃정원으로 확장하면서 가치를 이어가고 있다. 이러한 조안면의 사례는 지역 주민은 물론이고 방문객들이 공간을 체험하고 확산시키는 매개로서의 공간적 스토리두잉의 힘을 실감할 수 있게 한다. 또한 지역의 깨끗한 물과 땅에서 자란 유기농 작물과 농산물을 청정지역의 브랜드인 '조안愛'로 개발 상품화하고 체험하는 프로그램을 만들어 관광으로 연동하는 6차산업화를 진행하

북한강 '물의 정원'

였다. 이로써 지속가능한 스토리두잉의 실체를 만들어내는 것이다.

스토리두잉이 지역의 문화를 바꾸고 지역민의 삶에 영향을 끼치는 해외의 유명한 예시로, 지역의 역사와 지역민 집단의 기억을 지역 공간 안에서의 축제와 공연 등으로 녹여 낸 프랑스 '퓌뒤푸(Puy du Fou)'가 있다. 퓌뒤푸의 역사를 소재로 한 공연예술 콘텐츠 '시네세니(Cinéscenie)'와 그를 기반으로 설립한 역사테마파크는 지역 주민들이 주축이 되어 완성되었다. 그들은 지역의 스토리를 발굴하고 이를 새로운 체험 콘텐츠로 활용하여 지역을 활성화시켰다. 앙부아즈 사례와 비슷하지만 이곳에서는 마을 전체가 아예 하나의 테마파크가 되어, 숙박시설을 비롯한 모든 장소에서의 행동 하나하나가 역사·문화 체험의 확장 개념으로 실천된다. 지역만의 창의적인 이야기를 한 지역 공간 안에서 모두 체험하게 한다는 퓌뒤푸의 기획과 경영 철학은 다른 지역의 스토리와 확실히 구별되는데, 이곳을 찾는 이들은 퓌뒤푸 스토리를 단지 보고 듣는 것에 그치지 않고 온몸으로 느낄 수 있다.

하나의 역사를 공유하는 한정된 지역이나 닫힌 장소가 아니라면, 스토리 가치의 공유와 확장은 더욱더 적극적으로 이루어질 수 있다. 하천이나 도로는 인류 문명을 함께한 삶의 통로로서 스토리두잉의 가치를 잘 전달할 수 있는 특성을 지니고 있다. 하천과 도로 주변의 스토리야말로 진정으로 공유 가능한 스토리의 결정체라 할 수 있다. 이러한 하천과 도로에 담긴 장소성을 스토리로 이해하고 적용시킨 좋은 예는 많이 있다.

독일은 도로의 스토리를 누구나 공유할 만한 문화적 가치가 있는 것으로 재탄생시킨 나라다. '고성 가도(Burgen Straße)'와 '로만틱 가도(Romantische Straße)' 같은 유명한 도로들이 모두 독일의 관광도로다. 세계인이 찾는 이런 관광가도는 도시와 도시를 잇는 평범한 길로부터 출발했지만, 어느새 많은 이들이 즐겨 찾는 관광가도로서 그 가치를 연계하였다. 독일의 관광가도는 유적과 풍경만을 관광의 대상으로 삼는 것이 아니라 지역의 역사문화와 관련된 프로그램을 개발하

독일의 관광가도

고 다양한 체험을 할 수 있는 루트로 제공되며 관광의 축으로 확장되고 있다.

또한 유난히 혹독한 자연 환경 속에서 '인간과 자연의 공존'을 강조해온 노르웨이 사람들은 그들의 가치관과 자연과 문화유산에 대한 깊은 경외심을 고속도로에 반영하여 세계 최초로 친환경성이 확보된 'E18 그린하이웨이 프로젝트(E18 Green Highway Project)'를 추진하기도 하였다. 아름다운 피오르드 협곡과 험준한 산악의 자연경관이 그대로 살아 있는 18개 관광 루트는 아무런 노력 없이 얻어낸 단순한 천연자연의 수혜가 아니라, 노르웨이 고유의 국민성과 지역의 천연 스토리를 고스란히 반영하고 도로 속성을 통해 확장시킨 스토리두잉의 노력이 있었기에 가능한 결과였다.

물론 우리나라의 도로 또한 스토리텔링 개념에 대한 관심이 증대되고, 쾌적한 도로문화에 대한 요구 및 인식이 확대됨에 따라 해외 도로의 스토리두잉 사례와 같은 긍정적인 변화 움직임이 나타나고 있다. 2015년 확장·개통한 경주에서 감포에 이르는 '국도 4호선'과 안동에서 길안에 이르는 '국도 35호선' 그리고 하동에서 남해에 이르는 구간인 '국도 19호선'에서도 스토리두잉의 사례가 있다.

자칫 묻힐 수도 있었던 도로 주변 구간의 역사와 특징 있는 스토리로 되살아난 도로는 그 자체로 의미를 지닌다. 해당 도로에는 주변 지역의 역사와 스토리가 그만의 특색으로 살아 있는 이름이 붙여졌다. 4번 국도 노선은 '천년 신라의 길', 35번 국도 노선은 '선비의 고장', 하동 섬진강변 19번 국도 노선은 '꽃길, 물길이 아름다운 19번 국도' … 이름만 들어도 지역성이 담긴 스토리 친화적인 주제가 잘 느껴진다. 각 테마별로 4번 국도에는 신라를 상징하는 금관과 유물을 연계하고, 35번 국도에는 선비를 상징하는 갓과 부채, 안동 지역 고유의 탈을 그리고 19번 국도에는 벚꽃과 나룻배 등 각각 그 지역의 주제에 맞는 이미지와 상징물이 설치되어, 길의 기능에만 충실한 도로가 아닌 지역에 대한 스토리와 재미도 함께 공유하는 도로가 되었다. 이와 같은 가치는 지금 당장 도로를 지나는 사람에게만 한정되지 않고, 지역이 지닌 문화 정체성을 직관적으로 활용함으로써 쉽고도 간단한 지역 홍보 기능까지 갖게 되며, 나아가 그만의 도로문화를 형성하는 기반이 된다.

국도 1호선의 경우도 마찬가지다. 과거로부터 우리나라 주요 통행 노선으로 사용되어온 도로의 역사적 의미를 살리고 길이 지나는 주변 지역의 역사적 의미를 살려 길을 지나는 사람들과 함께 공유한다는 의미에서 도로에 '역사가 깃든 국도 1호선'이라는 이름을 붙이고, 도로 주요 거점 곳곳마다 주변 지역의 역사성과 의미가 담긴 상징물을 설치한 것이 그 예이다.

앞서 지역의 이야기들을 효과적으로 발굴해내 스토리 정체성을 잘 구축해낸 만경강의 스토리두잉은, 물길 따라 산재해 있는 다채로운 볼거리와 즐길 거리와 옛 이야기들을 취합하고 8개 특정 거점을 선정하여 전체 구간을 아우르는 스토리를 설정하였다. 제1경 만경낙조(萬頃落潮: 만경강의 강물과 바닷물이 드나들던 곳으로 만경강을 대표하는 아름다운 노을을 조망할 수 있는 곳), 제2경 신창지정(新倉之情: 새창이나루를 오가던 사람과 이곳에 남겨진 역사 문화의 정을 느낄 수 있는 곳), 제3경 사수곡류(泗水曲流: 만경강의 옛 이름인 사수를 표현하여 굽이치는 만경강의 중심에서 옛 물길과 사람들이 어우러지는 곳), 제4경 백구풍월(白鷗風月: 만경강의 모습이 갈매기 같아 백구정으로 불린 곳에서 만경강을 내려다보며 아름다운 경치를 벗 삼아 자연을 노래하는 곳), 제5경 비비낙안(飛費落雁: 비비정에 올라 만경강 위로 살포시 내려앉은 기러기떼를 바라보는 전경이 아름다운 곳으로 물길과 옛길이 만나는 곳), 제6경 신천옥결(新川玉潔: 옥같이 맑고 깨끗하다는 의미로, 만경강의 허파인 신천습지가 있는 생태계의 보고로 생명이 돌아오고 회복되는 것을 볼 수 있는 곳), 제7경 봉동인락(鳳東人樂: 만경강 물길 따라 사람들과 자연이 어우러진 봉동에서 즐거움과 안락함을 건네는 곳), 제8경 세심청류(洗心淸流: 세심정이 있는 곳으로, 옛 조상의 얼과 정취를 느끼며 만경강의 풍부하고 깨끗한 물길을 바라보며 몸과 마음을

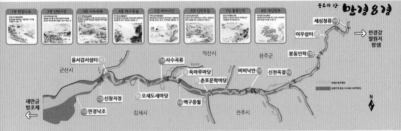

만경 8경

치유할 수 있는 곳) 등 만경강과의 접근성이라든지 경관의 특성, 지역의 이야기가 있는 주요 거점에 만경 8경의 위치를 선정하여 볼거리를 제공하고 체험할 수 있게 하였다.

　도로와 하천 주변을 활용하는 스토리두잉은 결코 한두 지역이나 도로환경, 하천환경에만 영향을 미치지 않는다. 주변의 지역성과 경관성을 반영하지만 도로나 하천 본연의 이동성이나 기능성 또한 망각하지 않고 그 가치를 전파하는 것이다. 길과 하천 중심의 스토리두잉 문화는 근래 들어 하나의 유행이 되었던 둘레길이나 자전거길 등 여행이나 힐링의 패러다임을 바꾼 길 문화를 통해서도 체감할 수 있다. 이는 이용자의 편의를 보장하면서도 지점별 테마와 이를 아우르는 노선별 전체 테마를 구현하여 해당 장소에 스토리와 연결된 정신 유산을 남겨주고 가치를 향유할 수 있게 하였다. 이에 도로와 하천의 스토리두잉은 지역의 문화를 연계하며 차후 각각의 루트를 형성하는 도로문화와 하천문화로까지 발전할 수 있을 것이다.

스토리두잉이 우리 주변을 변화시키고 그 가치를 공유 및 전파하는 방식은 사회 구조와 모습의 변화로까지 이어진다. 이미 여러 분야에 적용 가능하게끔 유행했던 스토리텔링의 특징들은 스토리 수용자에게 보다 직접적인 영향을 미치는 동시에 확장성을 지닌 스토리두잉 개념으로 대체되면서, 훨씬 광범위하고 큰 힘을 발휘하게 되었다.

스토리두잉의 가치는 지역이나 공동체뿐만 아니라 스토리 관련 직종에 종사하는 다양한 직업군의 사람들에게도 확장되어가며 그 영향을 미친다. 스토리두잉 시대에는 스토리를 단지 쓰는 사람들만이 아니라 기존에 존재하는 스토리를 발굴하는 사람, 발굴한 스토리를 정리·보관하는 사람, 스토리를 읽거나 실현하는 사람, 스토리의 내용을 특정한 매체로 구체화하는 사람, 구체화된 스토리를 사람들이 보고 듣고 체험할 수 있게끔 돕는 사람, 스토리의 생산·보급에 직접 참여하고 이에 대한 2차 생산과 피드백을 담당하는 사람 등에 이르기까지 실로 다양한 사람들이 스토리두잉에 관여하며 스토리두어가 되고 있다. 앞으로도 스토리두잉의 가치는 사람들의 참여 기회를 더 높이고, 삶 속에 체화된 스토리두어들이 늘어가면서 그 영역을 확장해나갈 것이다.

스토리리빙으로 이어지는 스토리두잉의 법칙

스토리두잉은 결코 스토리를 억지로 주입하거나 수용자가 스토리를 있는 그대로 즐기기만 하는 수동적인 형태로 이루어지지 않으며, 두잉을 수단화하는 방식만으로도 이루어질 수 없다. 하지만 한편으로 그것은 여러 가지 전략적 고려와 기획 없인 불가능한 것이기도 하다. 앞서 소개한 지역의 이야기를 기반으로 성공한 스토리두잉 사례에는 공통점이 있다. 이 사례들 모두 기본적인 공간 개념을 구체적인 장소로 발전시키고, 접하는 사람들이 그 경험과 가치를 누릴 수 있게 함으로써 '정체성 구축'과 '가치의 공유 및 확장'으로 나아갔다는 점이다. 결국 스토리두잉은 이야기를 기반으로 어떻게 실행시킬 것인가에 대한 목적으로부터 출발할 수는 있지만, 모두 효율적으로 적용되는 것은 아니다. 스토리두잉은 원천 스토리 발굴과 개발 실행 과정에까지 고려해야할 사항이 많다. 여기엔 반드시 놓치지 말아야 할 몇 가지 법칙들이 요구된다.

스토리두잉의 성공적인 정착을 위한 첫 번째 법칙은 재미와 감성이다. 스토리의 전략과 형태가 아무리 여러 형태로 변화해도 '재미있는 스토리'가 그 근간이 된다는 사실은 변하지 않는다. 여러 차례 강조했듯이 스토리두잉의 기본 중의 기본은 스토리 원형의 가치인 것이다. 스토리의 힘을 유지하고, 우리에게 필요한 것으로 남기 위해서는 스토리 원형의 역할과 스토리의 정서가 절대로 간과될 수 없다. 특히 우리나라는 넓은 국토를 가지지는 못했지만 유구한 역사를 통해 좋은 스토리가 될 수 있는 다양한 원형 콘텐츠들을 구비하고 있기에 더욱 그렇다. 여기서 좋은 스토리란, 재미와 감동을 주는 스토리다. 목적이나 내용이 뻔한 스토리, 필요와 효율성만을 고려한 스토리는 사람들의 마음을 움직일 수 없다.

모두가 첫눈에 반하는 스토리는 정서적 교감이 이루어져 감성을 자극하는 스토리다. 애플사의 아이폰(iPhone)이 최초의 모바일폰이나 최첨단 기술로 만들어진 기기가 아니었음에도 불구하고, 그것이 "미적으로, 감성적으로 소비자들을 얼마나 즐겁게 해주었는가?" 하는 측면에서 차별화된 선구적인 제품이었던 것과 마찬가지다. 수용자의 감성을 고려한 재미와 감동을 줄 수 있는 스토리만이 수많은 스토리 속에서 그만의 변별력을 갖고 살아남을 수 있다. 경험을 통해 기억을 잡아두기에 앞서 스토리 수용자의 관심을 끌어내지 못하는 스토리는 결코 스토리두잉 이후의 단계로 나아가 지속 가능할 수 없다.

스토리두잉의 두 번째 법칙은 경험이다. 스토리가 줄 수 있는 경험을 최대한 이끌어내기 위해 스토리는 수용자의 관여도를 최대한 높이는 방향으로 고려되어야 한다. 관여도(Involvement)는 경영학 용어로서, 특정한 제품이나 서비스에 관한 개인의 관심 정도를 뜻하는 말이다. 스토리에 있어 이러한 관여도를 높인다 함은 곧 스토리 수용자로 하여금 스토리와 자신과의 연관성을 크게 여기게끔 한다는 의미이기도 하다. 스토리두잉이 구체적인 대상을 부각시키거나 수용자의 직접적인 경험을 유도하는 것은 모두 스토리의 관여도를 높여, 수용자의 기억 속에 새기는 일이다. 지금 세상의 스토리 수용자들은 과거의 스토리 수용자들과는 다르다. '똑똑한 대중' 혹은 '참여 군중'으로서 그들은 더 이상 만들어진 스토리를 수동적으로 소비만 하지 않는다. 또한 직접적인 공감과 경험 없이 결코 먼저 움직이지도 않는다.

애초에 스토리는 세상을 이해하는 데 필요한 수단이었다. 우리 자신과 관련된 장소와 경험이 스토리에 힘을 더하듯이 스토리 수용자와 더욱 밀접하게 연관될수록 스토리는 힘을 발휘한다. 스토리의 관여도를 높이는 일은 스토리를 수용자 주변의 일상에 합치시키는 일이기도 하다. 오늘날 기술과 미디어의 발전으로 하나 또는 여러 개의 스토리를 다양한 매체로 변환하고 전파하는 것이 가능해졌다. 이제 새로운 스토리 매체의 등장이나 매체적인 변환이 특별해지는 시대는 지나갔다. 이제 스토리두잉은 스토리 모두를 온전히 수용자의 일부로, 수용자 자신의 스토리로 일치시켜야 한다. 스토리와 두잉이 각기 분리된 영역이나 경험으로 존재하는 것이 아니라 생활 속에 들어오고 삶의 일부로 합쳐짐으로써 제2와 제3의 스토리두잉, 나아가 '스토리리빙(Storyliving)'으로 발전해 나갈 수 있다.

세 번째 법칙은 스토리의 가치 공유이다. 스토리의 중요성만큼이나 스토리의 의미와 가치의 중요성은 아무리 강조해도 부족하지 않다. 현대에 주목받는 개념들 가운데 '디자인적 사고(Design Thinking)'라는 용어가 있다. 스토리에 적용하면 '스토리적 사고(Story Thinking)'로 표현할 수 있다. 이는 문화·역사·지역 등 이야기 자원이 지닌 인문학적 가치를 통해 사람 중심의 통합적 사고로 혁신을 도모하고자 하는 일이다. 이 모든 과정의 중심엔 사람이 있고, 스토리씽킹을 통해 생각을 수정·보완하고 관계자들과 협업하면서 가치를 공유할 수 있는 개념이다. 전 과정에 의미 있게 참여하고 가치 있는 경험을 강조한다. 가치는 실체적인 성격이라기보다 스토리두잉의 과정을 통해 창출되며, 그것은 내용적인 차원뿐만 아니라 이후의 기능적 차원의 성격에까지 이르게 된다.

스토리두잉이 아무리 이전과 구별되는 스토리 경험으로서 수용자의 기억과 감성을 자극한다고 할지라도, 그만의 가치와 의미를 찾을 수 없거나 소극적인 형태로 머물러 있으면 그 스토리는 결코 오래도록 살아남을 수 없다. 우리는 똑같은 경험이라도 보다 참여적이고 가치 있는 경험과 스토리를 다른 사람과 나누고 싶어 한다. 스토리는 그러한 나눔을 통해 일회성의 이벤트나 하나의 스토리 속에 갇힌 이야기가 아니라, 모두에게 관심과 주목을 받는 현실적인 스토리가 될 수 있다.

나가며

왜 스토리텔링이 아닌 스토리두잉인가? 처음으로 돌아가
우리 생활 깊숙이 들어와 있는 '스토리텔링'이라는 단어에
대해 다시금 생각해볼 필요가 있다. 앞에서 살펴봤듯이 스토
리텔링이라는 용어는 오랜 역사 속에서 늘 있어왔던 개념으
로 우리에게는 아주 친숙하며, 실제로도 어느 분야에서나 고
루 사용된 용어다.

스토리는 모든 역사와 시대를 통틀어 언제나 우리 주변에
있어왔다. 하지만 그러한 개념이나 현실과는 별개로 막상 우
리가 스토리로 기억하고 스토리로 명명하는 것들은 그중 극
히 일부에 불과했다. 스토리텔링의 개념은 문학·영화·애니

메이션과 같은 이야기 기반 문화 콘텐츠나 경영·마케팅 분야에서 집중적으로 쓰여 마치 남의 이야기 혹은 스토리 제작자의 산물처럼 받아들여지거나, 특정한 목적을 위한 스토리의 활용으로 여겨져 생각이나 말로만 그쳐왔던 것 또한 사실이다.

스토리의 창의성과 혁신이 지금도 시시각각 우리 삶에 영향을 미치고 텔링의 수단 또한 변화하는 시간 속에서, 스토리가 우리 아닌 다른 누군가의 것으로만 머물고 그것의 쓰임이 제한적으로 영향력을 발휘하는 것은 안타까운 일이다. 남의 스토리나 말과 생각에 그쳤던 스토리가 눈앞에 펼쳐져 우리의 경험이나 체험이 되는 순간, 평범했던 장소는 다시 찾고 싶은 곳이 되고 지루했던 스토리는 훨씬 재미있는 이야기가 될 수 있다. 스토리를 전달(텔링)만 하고 끝내는 것이 아니라, 스토리를 실제로 경험하고 우리의 삶이나 생활로 들어올 수 있도록 일상적이고 적극적인 개념의 확장이 더욱 요구되기에 스토리두잉이 필요한 것이다. 전달하는 과정으로 끝나는 게 아니라 한정적 개념을 극복하고 스토리 가치의 환원을 위해 실행되고 확장되는 스토리두잉 개념으로 나아가야만 한다.

스토리두잉은 대단한 것이 아니다. 남양주 물의 정원과 양평 두물머리에는 지역 고유의 명물이 된 액자 포토존이 있다.

액자 포토존은 액자틀을 제외한 액자의 가운데가 완전히 뚫려 있는 조형물로서, 멋진 자연풍경을 배경으로 배치해 방문객이 사진으로 남기기 좋은 지점을 알리고, 사진에 찍히는 사람으로 하여금 마치 수려한 배경의 주인공이 된 것 같은 체험을 제공하는 역할을 한다.

자연을 투과해 지역의 스토리를 있는 그대로 노출하고, 사진에 담기는 사람으로 하여금 자연스럽게 그 속에 녹아들고 스토리에 투영하게 하는 액자 포토존은 그 단순함에도 불구하고 스토리두잉의 요소들이 고루 담겨 있다. 지역의 수려한 경관과 천혜의 자연 가치를 살리는 텍스트 의미가 고스란히 살아 있고, 물의 정원과 두물머리로 대표성을 지니게 된 인근의 장소성이 포토존 배경으로 담겨 있다. 그리고 이것은 우리가 특별한 장소에서 습관적으로 반복하는 '사진 찍기'와 나아가 SNS에 '인증하기'라는 단순한 경험이자 행동을 통해 지역성이 내포된 의미 있는 가치로 나타난다.

개인으로서든 지역이나 국가와 같은 공동체로서든, 인간이 겪는 온갖 지각·감각·체험의 총체로서 스토리를 실행하여 우리 주변으로 들여올 때 스토리두잉은 모습을 드러낸다. 우리가 살아가면서 자연스럽게 체득한 사건들이 훗날 나만의 스토리가 되듯이, 스토리 수용자가 스토리두잉을 거치면서 겪는 경험들은 거꾸로 우리의 삶이 될 수 있다. 스토리두잉이 스토리의 순서를 뒤바꾸고 스토리와 삶의 경계를 뒤섞는 것이다. 이는 한편으로 개인의 스토리가 새로운 삶의 모형을 제시하고 활력을 주는 이 시대의 가장 창의적인 스토리이자, 혁신적인 라이프스타일이 될 수 있다는 의미로도 해석된다.

스토리의 창의성이 우리 삶을 혁신적으로 뒤바꾸기 위해서는 현실에서의 보다 적극적인 행동이 요구된다. 복잡다단한 스토리두잉의 핵심적 원리를 단 한 가지로 요약하면 '스토리의 실현'이다. 우리는 세상의 제반 이슈와 스토리에 대한 활동의 관심을 추상화된 이야깃거리나 자기 주변과 관련 없는 활용에 맞추지 말고, 눈에 보이는 실체나 참여 가능한 대상으로 발전시키는 데에 집중해야 한다. 스토리가 직접 실현되고 우리 삶에 체화되는 과정은 곧 '스토리리빙'이라고도 말할 수 있다. 우리 삶 속에 녹아든 스토리에 지속적으로 참여·공유하고, 이에 대한 다른 수용자와의 상호작용 및 스토리 재생산을 끊임없이 반복할 때 스토리두잉이 의도하는 가치를 실현할 수 있다. 스토리텔링에서 스토리두잉으로, 나아가 스토리두잉에서 스토리리빙으로, 스토리의 진화는 앞으로도 계속 멈추지 않을 것이다.

양평 두물머리의 액자 포토존

참고문헌

단행본

국토연구원 엮음, 『현대 공간이론의 사상가들』, 한울아카데미, 2005.

김정기·박동숙 외, 『매스미디어와 수용자』, 커뮤니케이션북스, 1999.

김태훈, 『우리가 사랑한 빵집 성심당』, 남해의 봄날, 2016.

나은영, 『미디어심리학』, 한나래, 2010.

박기수, 『문화콘텐츠 스토리텔링 구조와 전략』, 논형, 2015.

배기동, 『문화유산과 자연유산: 현실과 미래 비전』, 주류성출판사, 2006.

전진성, 『역사가 기억을 말하다: 이론과 실천을 위한 기억의 문화사』, 휴머니스트, 2005.

최수웅, 『문학의 공간, 공간의 스토리텔링』, 한국학술정보, 2006.

한국문화관광연구원, 『한국의 지역문화』, 대왕사, 2008.

가브리엘레 루치우스회네·아르눌프 데퍼만, 박용익 옮김, 『이야기 분석』, 역락, 2006.

고토 카즈코, 임상오 옮김, 『문화정책학』, 시유시, 2004.

니콜라스 네그로폰테, 백욱인 옮김, 『디지털이다』, 커뮤니케이션북스, 1999.

로제 카이와, 이상률 옮김, 『놀이와 인간』, 문예출판사, 1994.

마샬 매클루언, 임상원 옮김, 『구텐베르크 은하계』, 커뮤니케이션북스, 2014.

말콤 글래드웰, 임옥희 옮김, 『티핑 포인트』, 21세기북스, 2004.

번 슈미트, 윤경구·금은영·신원학 옮김, 『번 슈미트의 체험 마케팅』, 김앤김
북스, 2013.

에드워드 렐프, 김덕현·김현주·심승희 옮김, 『장소와 장소상실』, 논형, 2005.

월터 J. 옹, 이기우·임명진 옮김, 『구술문화와 문자문화』, 문예출판사, 1995.

E. M. 포스터, 이성호 옮김, 『소설의 이해』, 문예출판사, 1990.

이-푸 투안, 구동회·심승희 옮김, 『공간과 장소』, 대윤, 2007.

일레인 볼드윈·브라이언 롱허스트 외, 조애리 외 옮김, 『문화코드, 어떻게 읽
을 것인가?』, 한울, 2008.

자넷 머레이, 한용환·변지연 옮김, 『인터랙티브 스토리텔링: 사이버 서사의
미래』, 안그라픽스, 2001.

제임스 루벤슈타인, 정수열·이욱 외 옮김, 『현대인문지리학: 세계의 문화경
관』(제10판), 시그마프레스, 2012.

조나 삭스, 김효정 옮김, 『스토리 전쟁』, 을유문화사, 2013.

짐 아이프, 류혜정 옮김, 『지역사회 개발』, 인간과 복지, 2005.

캐롤린 핸들러 밀러, 변민주·이연숙 옮김, 전승규 감수, 『디지털미디어 스토
리텔링』, 커뮤니케이션북스, 2006.

크리스티안 노베르그-슐츠, 민경호·배웅규·임희지·최강림 옮김, 『장소의
혼』, 태림문화사, 1996.

크리스티앙 살몽, 류은영 옮김, 『스토리텔링: 이야기를 만들어 정신을 포맷하
는 장치』, 현실문화, 2010.

피에르 노라 외, 김인중·유희수 외 옮김, 『기억의 장소 1: 공화국』, 나남, 2010.

Catherine K. Riessman, *Analysis Of Personal Narratives*, SAGE, 2001.

Ikujiro Nonaka & Hirotaka Takeuchi, *The Knowledge-Creating Company: How Japanese Companies Create the Dynamics of Innovation*, Oxford University Press, 1995.

John Holloway, *Narrative and structure: Exploratory essays*, Cambridge University Press, 1979.

Linda Argote, *Organizational Learning: Creating, Retaining, and Transferring Knowledge*, Kluwer Academic, 1999.

Marina Grishakova & Marie-Laure Ryan, *Narratologia: Intermediality and Storytelling*, De Gruyter, 2011.

Mieke Bal, *Narratology: Introduction to the Theory of Narrative*, University of Toronto Press, 2009.

Philippe Baumard, *Tacit Knowledge in Organization*, SAGE, 1999.

Richard R. Nelson & Sidney G. Winter, *An Evolutionary Theory of Economic Change*, Belknap Press, 1982.

Seymour Chatman, *Story and Discourse: Narrative Structure in Fiction and Film*, Cornell University Press, 1978.

Suzanne Keen, *Narrative form*, Palgrave Macmillan, 2004.

Wallace Martin, *Recent theories of narrative*, Cornell University Press, 1986.

Walter J. Ong, *Orality and Literacy: The Technologizing of the World*, Routledge, 1982.

연구 · 보고 · 논문

김구, 「공공조직에서 암묵지식 이전을 위한 스토리텔링의 활용 가능성에 관한 경험적 연구의 준비」, 『한국정책과학회보』, 17(1), pp. 1~26, 2013.

김기국, 「스토리텔링의 이론적 배경 연구: 기호학 이론과 분석모델을 중심으로」, 『한국프랑스학회 학술발표회』, pp. 151~158, 2007.

김미희 외, 『구전자원은 어떻게 스토리가 되는가?』, 농촌진흥청, 2010.

김은하, 「'원형 매체(Urmedium)'로서의 말하기: 의사소통매체의 근간은 무엇인가?」, 『현대유럽철학연구』, 39권, pp. 1~29, 2015.

김정희, 「스토리텔링 구성 전략 연구: 영상콘텐츠 시나리오 개발을 중심으로」, 한국외국어대학교 대학원 박사학위논문, 2009.

김진영, 「전쟁·안보문화콘텐츠를 활용한 지역 활성화 방안에 관한 연구」, 『글로벌문화콘텐츠』, 제16호, pp. 73~94, 2014.

남양주시청, 『진중지구 스토리텔링 보고서』, 남양주시청, 2012.

류현주, 「비선형성 관점으로 본 매체와 서사」, 『신영어영문학』, 제38집, pp. 59~72, 2007.

문화체육관광부, 『2014년 기준 관광동향에 관한 연차보고서』, 2015.

변민주, 「미디어의 진화와 발전을 이끌어낸 디지털 스토리텔링: 인터랙티브 스토리텔링의 역사 속으로」, 『마케팅』, 45(11), pp. 42~50, 2011.

부산지방국토관리청, 『경주-감포 국도건설공사 스토리두잉』, 부산지방국토관리청, 2014.

부산지방국토관리청, 『하동-평사리, 하동-화개 국도건설공사 스토리두잉』, 부산지방국토관리청, 2015.

양연경, 「디지털 스토리텔링 기반의 미술관 엔듀테인먼트 융합콘텐츠 필요성 연구」, 『디지털디자인학연구』, 14(4), pp. 737~748, 2014.

윤유석, 「역사문화자원의 소통과 스토리텔링 방안 연구: 자서전『백범일지』의 서사를 중심으로」, 한국외국어대학교 대학원 박사학위논문, 2010.

익산지방국토관리청, 『국도1호선 스토리텔링』, 익산지방국토관리청, 2015.

익산지방국토관리청, 『만경강 춘포지구 하천환경정비사업 스토리텔링 보고서』, 익산지방국토관리청, 2011

익산지방국토관리청, 『만경강 하천환경정비사업 문화적 특성발굴조사 보고서』, 익산지방국토관리청, 2012

D. Esterhuizen & C. S. L. Schutte & A. S. A du Toit, "Enhancing Innovation Capability Maturity Through Knowledge Conversion", *Acta Commercii*, 11(1), pp. 211~231, 2011.

Erik Wende & Parissa Haghirian, "Storytelling as a tool for knowledge transfer in the IT industry", *17th European Conference on Information Systems(ECIS 2009)*, 2009.

Grafton Whyte & Selwyn Classen, "Using storytelling to elicit tacit knowledge from SMEs", *Journal of Knowledge Management*, 16(6), pp. 950~962, 2012.

Jan Assmann, "Collective memory and cultural identity", *New German Critique*, No. 65, pp. 125~133, 1995.

Jeremy Howells, "Tacit Knowledge, Innovation and Technology Transfer", *Technology Analysis & Strategic Management*, 8(2), pp. 91~106, 1996.

Jonathan Culler, "Story and Discourse in the Analysis of Narrative", *Narrative Theory I*, Ed. by Bal, Mieke, Routledge, pp. 117~131, 2004.

Khairul Shafee B Kalid & Ahmad K. Mahmood, "The Use of Storytelling in Sharing Tacit Knowledge in Government Organisations", *Public Sector ICT Management Review*, 3(1), pp. 52~58, 2009.

Khairul Shafee B Kalid, "Transfer Knowledge Using Stories: A Malaysain University Case Study", M.(eds), *Knowledge Management in Emerging Economies: Social, Organizational and Cultural Implementation*, Information Science Reference, pp. 186~1198, 2011.

Linda Argote & Ella Miron-Spektor, "Organizational Learning: From Experience to Knowledge", *Organization Science*, Volume 22, Issue 5, pp. 1~39, 2011.

Margarete Sandelowski, "Telling Stories: Narrative Approaches in Qualitative Research", Volume 23, Number 3, *Image: Journal of Nursing Scholarship*, 1991.

Mary Jo Hatch & Majken Schultz, "Relations between organizational culture, identity and image", *European Journal of Marketing*, 31(5/6), pp. 356~365, 1997.

Matthew Potteiger & Jamie Purinton, *Landscape Narratives: Design Practices for Telling Stories*, John Wiley & Sons, Inc., pp. 3~212, 1998.

Matti Hyvärinen, "Analyzing Narratives and Story-Telling", *The SAGE Handbook of Social Research Methods*, pp. 447~460, 2008.

Meric S. Gertler, "Tacit Knowledge and the economic geography of context, or The undefinable tacitness of being(there)", *Journal of Economic Geography*, 3(1), pp. 75~99, 2003.

Parissa Haghirian & Tina Claudia Chini, "Storytelling: Transferring tacit corporate knowledge in different cultures", *Paper presented at the*

Second Annual Conference(EURAM 2002) of the European Academy of Management, 2002.

Peter Kevin Joseph Tobin, "The use of stories and storytelling as knowledge sharing practices: a case study in the South African mining industry", 2007(http://upetd.up.ac.za/thesis/available/etd-07302006-065725).

Ragna Seidler-de Alwis & Evi Hartmann, "The use of tacit knowledge within innovative companies: knowledge management in innovative enterprises", *Journal of Knowledge Management*, 12(1), pp. 133~147, 2008.

S. Tamer Cavusgil & Roger J. Calantone & Yushan Zhao, "Tacit knowledge transfer and firm innovation capability", *Journal of Business & Industrial Marketing*, 18(1), pp. 6~21, 2003.

Sonia M. Livingstone, "Interpreting a Television Narrative: How Different Viewers See a Story", *Journal of Communication*, 40(1), 1990.

Walter Swap, Dorothy Leonard, Mimi Shields & Lisa Abrams, "Using Mentoring and Storytelling to Transfer Knowledge in the Workplace", *Journal of Management Information Systems*, 18(1), 2001, pp. 95~114.

Yuping Liu & L. J. Shrum, "What Is Interactivity And Is It Always Such A Good Thing", *Journal of Advertising*, 31(4), pp. 53~64, 2002.

인터넷 사이트 및 기타 자료

국립중앙박물관: http://www.museum.go.kr

국제박물관협의회(ICOM): http://icom.museum

국토연구원, 세계도시정보 UBIN(UrBin Information Network): http://ubin.krihs.re.kr

남양주시청: 「블루 & 그린 네트워크 스토리텔링」

문화체육관광부: 「능내역 스토리텔링」

반구대포럼: http://bangudaelove.com

서울지방국토관리청: 「두물머리 스토리텔링」

스토리두잉 소개 웹페이지: http://www.storydoing.com/

유네스코: http://www.unesco.org

유네스코 한국위원회: http://www.unesco.or.kr

프랑스 앙부아즈 고성 홈페이지: http://www.renaissance-amboise.com

한국콘텐츠진흥원, 문화콘텐츠닷컴: http://culturecontent.com

스토리텔링에서 스토리두잉으로

펴낸날	초판 1쇄 2017년 2월 22일

지은이	윤주
펴낸이	심만수
펴낸곳	(주)살림출판사
출판등록	1989년 11월 1일 제9-210호

주소	경기도 파주시 광인사길 30
전화	031-955-1350 팩스 031-624-1356
홈페이지	http://www.sallimbooks.com
이메일	book@sallimbooks.com

ISBN	978-89-522-3586-2 04080
	978-89-522-0096-9 04080 (세트)

이 도서의 국립중앙도서관 출판시도서목록(CIP)은 서지정보유통지원시스템 홈페이지
(http://seoji.nl.go.kr)와 국가자료공동목록시스템(http://www.nl.go.kr/kolisnet)에서
이용하실 수 있습니다.(CIP제어번호: CIP2017002416)

책임편집·교정교열 성한경·홍민정

376 좋은 문장 나쁜 문장 `eBook`

송준호(우석대 문예창작학과 교수)

어떻게 좋은 문장을 쓸 수 있을 것인가? 우선 좋은 문장이 무엇이고 그렇지 못한 문장은 무엇인지 알아야 할 것이다. 대학에서 글쓰기 강의를 오랫동안 해 온 저자가 수업을 통해 얻은 풍부한 사례를 바탕으로 문장교육을 제대로 받지 못한 독자들에게 좋은 문장으로 가는 길을 제시하고 있다.

051 알베르 카뮈 `eBook`

유기환(한국외대 불어과 교수)

알제리에서 태어난 프랑스인, 파리의 이방인 알베르 카뮈에 대한 충실한 입문서. 프랑스 지성계에 혜성처럼 등장한 카뮈의 목소리는 늘 찬사와 소외를 동시에 불러왔다. 그 찬사와 소외의 이유, 그리고 카뮈의 문학, 사상, 인생의 이해와, 아울러 실존주의, 마르크스주의 등 20세기를 장식한 거대담론의 이해를 돕는 책.

052 프란츠 카프카 `eBook`

편영수(전주대 독문과 교수)

난해한 글쓰기와 상상력으로 문학사에 커다란 발자취를 남긴 카프카에 관한 평전. 잠언에서 중편 소설 「변신」 그리고 장편 소설 『실종자』와 『소송』 그리고 『성』에 이르기까지 카프카의 거의 모든 작품에 대한 해석을 담고 있다. 또한 이 책은 카프카의 잠언과 노자의 핵심어인 도(道)의 연관성을 추적하는 등 새로운 관점도 보여 준다.

271 김수영, 혹은 시적 양심 `eBook`

이은정(한신대 교양학부 교수)

힘과 새로움으로 가득 차 있는 김수영의 시 세계. 그 힘과 새로움의 근원을 알아보고 지금까지와는 다른 새로운 독법으로 그의 시 세계를 살펴본다. 그와 그의 시에 대해 깊은 애정을 가진 저자는 김수영의 이해를 위한 충실한 안내자 역할을 자처한다. 김수영의 시 세계를 향해 한 발 더 들어가 보고자 하는 독자들에게 유익한 책이다.

369 도스토예프스키 `eBook`

박영은(한양대학교 HK 연구교수)

『카라마조프가의 형제들』과 『죄와 벌』로 유명한 러시아의 대문호 도스토예프스키. 그의 작품에 등장하는 생생한 인물들은 모두 그의 힘들었던 삶의 경험과 맞닿아 있다. 한 편의 소설 같은 삶을 살았으며, 삶이 곧 소설이었던 작가 도스토예프스키의 생의 한가운데 서서 그 질곡과 영광의 순간이 작품에 어떻게 드러나는지를 살펴본다.

245 사르트르 참여문학론 `eBook`

변광배(한국외대 불어과 강사)

사르트르의 『문학이란 무엇인가』에서 전개된 참여문학론을 소개하면서 억압받는 자들을 위한다는 기치를 높이 들었던 참여문학론의 의미를 성찰한다. 참여문학론의 핵심을 이루는 타자를 위한 문학은 자기 구원의 메커니즘에 문제가 생겼을 때 이 문제를 해결하고, 그 메커니즘을 보충하는 이차적이고도 보조적인 문학론이라고 말한다.

338 번역이란 무엇인가 `eBook`

이향(통역사)

번역에 대한 관심이 날로 늘어 가고 있다. 추상적이거나 어렵게 느껴지는 번역 이론서들, 그리고 쉽게 읽히지만 번역의 전체 그림을 바라보기에는 부족하게 느껴지는 후일담들 사이에 다리를 놓는 이 책은 번역의 이론과 실제를 동시에 접하여 번역의 큰 그림을 그리고자 하는 독자들에게 안성맞춤이다.

446 갈매나무의 시인, 백석 `eBook`

이숭원(서울여대 국문과 교수)

남북분단 이후 북에 남았지만, 그를 기리는 많은 이들의 노력으로 백석은 현재 우리나라에서 가장 주목받는 시인 중 한 사람이다. 이 책은 시인을 이해하는 많은 방법 중 '작품'을 통해 다가가기를 선택한 결과물이다. 음식 냄새 가득한 큰집의 정경에서부터 '흰 바람벽'이 오가던 낯선 땅 어느 골방에 이르기까지, 굳이 시인의 이력을 들춰보지 않더라도 그의 발자취가 충분히 또렷하다.

053 버지니아 울프 살아남은 여성 예술가의 초상 `eBook`

김희정(서울시립대 강의전담교수)

자신만의 독창적인 글쓰기 방식을 남기고 여성작가로 살아남는
다는 것이 어떤 의미를 갖는지를 보여 준 버지니아 울프와 그녀의
작품세계에 관한 평전. 작가의 생애와 작품이 어우러지는 지점들
을 추적하는 방식으로, 모더니즘 기법으로 치장된 울프의 언어 저
변에 숨겨진 '여자이기에' 쉽게 동감할 수 있는 메시지들을 해명
한다.

018 추리소설의 세계

정규웅(전 중앙일보 문화부장)

추리소설의 역사는 오이디푸스 이야기까지 거슬러 올라간다. 저
자는 고전적 정통 기법에서부터 탐정의 시대를 지나 현대에 이르
기까지 추리소설의 역사와 계보를 많은 사례를 들어 재미있게 설
명하고 있다. 추리소설의 'A에서 Z까지', 누구나 그 추리의 세계로
쉽게 빠져들게 하는 책이다.

199 디지털 게임 스토리텔링 `eBook`

한혜원(이화여대 디지털미디어학부 교수)

디지털 시대의 새로운 이야기 양식을 소개한 책. 디지털 패러다임
의 중심부에 게임이 있다. 이 책은 디지털 게임의 메커니즘을 이
야기 진화의 한 단계로서 설명한다. 게임의 역사에 있어서 중요한
패러다임의 변화, 게임이라는 새로운 지평에서 펼쳐지는 새로운
이야기 양식에 대한 분석 등이 흥미롭게 소개된다.

326 SF의 법칙

고장원(CJ미디어 콘텐츠개발국 국장)

과학의 시대다. 소설은 물론이거니와 영화, 애니메이션, 만화, 게
임 등 온갖 형태의 콘텐츠가 SF 장르에 손대고 있다. 하지만 SF
콘텐츠가 각광을 받고 있는 것에 비해 이 장르에 대한 깊이 있는
이해를 도울 만한 마땅한 가이드북이 존재하지 않는다. 이 책은
이러한 아쉬움을 채워주기 위한 작은 출발점이 될 것이다.

eBook 표시가 되어있는 도서는 전자책으로 구매가 가능합니다.

018 추리소설의 세계 | 정규웅

047 판타지 | 송태현 eBook

051 알베르 카뮈 | 유기환 eBook

052 프란츠 카프카 | 편영수 eBook

053 버지니아 울프 | 김희정 eBook

062 무협 | 문현선 eBook

118 고대 그리스의 시인들 | 김헌 eBook

146 프랑켄슈타인 | 장정희

147 뱀파이어 연대기 | 한혜원 eBook

168 J.D. 샐린저와 호밀밭의 파수꾼 | 김성곤 eBook

196 디지털 에듀테인먼트 스토리텔링 | 강심호 eBook

197 디지털 애니메이션 스토리텔링 | 배주영 eBook

198 디지털 게임의 미학 | 전경란

199 디지털 게임 스토리텔링 | 한혜원 eBook

200 한국형 디지털 스토리텔링 | 이인화 eBook

201 디지털 게임, 상상력의 새로운 영토 | 이정엽

232 일본의 사소설 | 안영희

243 보들레르 | 이건수 eBook

244 돈 후안 | 정동섭

245 사르트르의 참여문학론 | 변광배 eBook

246 문체론 | 이종오

247 올더스 헉슬리 | 김효원 eBook

256 현대시와 불교 | 오세영

271 김수영, 혹은 시적 양심 | 이은정

326 SF의 법칙 | 고장원

338 번역이란 무엇인가 | 이향

369 도스토예프스키 | 박영은

376 좋은 문장 나쁜 문장 | 송준호 eBook

444 셰익스피어 그리고 인간 | 김도윤

446 갈매나무의 시인, 백석 | 이숭원 eBook

471 논리적 글쓰기 | 여세주 eBook

472 디지털 시대의 글쓰기 | 이강룡 eBook

㈜살림출판사

www.sallimbooks.com

주소 경기도 파주시 문발동 522-1 | 전화 031-955-1350 | 팩스 031-955-1355